Conselhos do DOUTOR MIRANDA

Um centenário, um conto e diversos conselhos para toda a vida

Samer Agi
Conselhos do
DOUTOR MIRANDA
Um centenário, um conto
e diversos conselhos
para toda a vida
2ª edição
2021
EDITORA JusPODIVM
www.editorajuspodivm.com.br

EDITORA
*Jus*PODIVM
www.editorajuspodivm.com.br

Rua Território Rio Branco, 87 – Pituba – CEP: 41830-530 – Salvador – Bahia
Tel: (71) 3045.9051
• Contato: https://www.editorajuspodivm.com.br/sac

Capa e diagramação: Marcelo S. Brandão *(santibrando@gmail.com)*

Imagens de capa: www.fotolia.com.br (*Vintage Clock* – Erllre / *Taking notes* – andreas130)

A267c Agi, Samer.
Conselhos do Doutor Miranda: os dois monges e a estrada da vida – um centenário, um conto e diversos conselhos para toda a vida / Samer Agi. – 2. ed. – Salvador: Editora JusPodivm, 2021.
192 p.

Bibliografia.
ISBN 978-65-5680-518-4.

1. Filosofia da história do direito. I. Agi, Samer. II. Título.

CDD 340.19

APRESENTAÇÃO DA OBRA

Três grandes homens marcaram a história do Direito no Brasil. São eles Miguel Reale, Ruy Barbosa e Pontes de Miranda. Como forma de homenageá-los, conferi ao protagonista da presente obra o nome de Miguel Barbosa Miranda.

Ressalto que o livro *Conselhos do Doutor Miranda* difere da obra *Paixão pela vitória*, já que a última tem perfil biográfico e o primeiro nasce de uma ficção. O personagem centenário, nos seus últimos dias de vida, resolve deixar conselhos a todos aqueles que desejam ter uma existência feliz. A obra começa no escritório do Dr. Miranda, como é conhecido Miguel. Ele narra um conto e extrai da narrativa várias lições para as distintas áreas da nossa vida.

Entre outros temas, o livro aborda a necessidade do sacrifício, da boa gestão do tempo e do enfrentamento real dos desafios. Discorre sobre a imprescindibilidade do perdão, do autoconhecimento e da superação dos erros próprios e alheios. Por fim, a obra demonstra a indispensabilidade da busca por aquilo que efetivamente nos realiza.

Na segunda parte da obra, estão cinquenta crônicas que escrevi, as quais formam o #focanatoga3. Como o livro Paixão pela Vitória trouxe as crônicas do #focanatoga e #focanatoga2, reputei de bom tom que novos textos integrassem a presente obra.

Se você procura respostas próprias, construídas a partir da aplicação de conselhos bem fundamentados, o presente livro é instrumento. Almejo que seja catalisador do seu processo de expansão pessoal e profissional.

Como ensinou Fernando Pessoa: "condições de palácio tem qualquer terra larga, mas onde estará o palácio, se não o fizerem ali?". Somos todos "terra larga". Todos temos algum potencial. Mas nosso potencial só faz sentido quando o exploramos. Nossa terra larga só ganha relevância ao abrigar um castelo.

Miguel Reale, Ruy Barbosa e Pontes de Miranda abrigaram os seus próprios castelos. Eles foram terra larga explorada. E, claro, toda a sociedade ganhou com a realeza dos seus ensinamentos. Mas e você? Já decidiu quando deixará de ser apenas potencial? Convido-o a mergulhar nas reflexões do Dr. Miranda.

O Autor

Sumário

Parte I

Conselhos do DOUTOR Miranda

Um centenário, um conto e diversos conselhos para toda a vida

Capítulo 1

A VIDA NA GRADUAÇÃO

Meu nome é Miguel Barbosa Miranda. Nasci em 1916, exatamente, em 22 de dezembro de 1916, sábado, na Santa Casa de Misericórdia de Santos. Nasci uma semana depois de outro Miguel, o cearense Arraes, o qual conheci, mas com o qual não convivi.

Hoje, no meu centenário, concluo a obra que você lerá. Sentado na poltrona do meu escritório em Brasília, dito com dificuldade o que o meu neto reduz a termo, ou na expressão atual, o que ele digita.

Digitar é obra dos jovens de agora. Mas viver bem, leitor, viver bem é obra dos homens de outrora. E, em essência, o homem não muda. O homem é o mesmo. Por isso, decidi ensinar-lhe. Um velho ensina mesmo quando não quer ensinar.

Mas eu quero. Portanto, aprenda. Narrarei um conto e, a partir dele, falarei sobre a vida.

Ah, a vida...

Leitor, eu fui tudo que poderia ter sido em uma vida. Cursei Direito e Medicina. Não me arrependo. Quis conhecer as leis do homem e as leis do corpo do homem. Sempre tive aversão à ignorância. Mas quanto mais se sabe, mais se percebe que não se sabe. Conformei-me. Exerci apenas o Direito.

Casei-me duas vezes. Fui viúvo uma. Tive três filhos. Tenho dez netos. Terei um bisneto, que está a caminho.

Escrevo, no meu centenário, a fim de que você, que começa a vida, não cometa os erros que cometi. E os erros que vi cometerem.

Prezado, a quem considero neto, tenha-me como seu avô. O avô diz o que pensa, e diz sempre com amor libertador. Já o pai pode aconselhar o filho com medo de perdê-lo para o mundo. Há um sentimento de posse no falar paternal. E o pronome possessivo prejudica o teor da redação. O avô, por nunca ter tido a exclusividade da vida do descendente, aconselha-o sem egoísmos, sem possessões, desprovido das misérias humanas.

Vamos ao conto.

Dois monges caminhavam juntos. Lado a lado. Ao longo do percurso, havia um rio que teria que ser atravessado por ambos. Era rio raso, cujas águas alcançavam apenas os joelhos. Não mais do que isso.

À beira do rio, uma mulher sentada pediu-lhes que a carregassem. Motivo? Estava um pouco cansada. Um dos monges atendeu ao pedido e carregou a senhorita nos braços ao atravessar o rio. Finda a travessia, deixou-a em terreno firme e continuou a caminhada com seu parceiro. Só que, aos monges, era vedado tocar em mulheres...

Desde então, o monge puritano irritou-se. Caminhava visivelmente nervoso. Beirava a grosseria. Em um certo momento, o infrator, não mais suportando o ódio, perguntou-lhe: "por que o nervosismo?". E, então, veio a resposta: "porque você não podia e não pode tocar em mulheres". O infrator retrucou: "é verdade. Eu errei. Mas deixei a mulher ao final da travessia. Você continua carregando-a até agora".

O conto dos monges conta-nos muito sobre a vida.

A vida é **a estrada.** O rio são as adversidades ao longo da estrada. É muito mais difícil continuar a caminhada quando as águas dão nos joelhos. Os monges somos nós. E a mulher? A mulher são os ilícitos que cometemos nos momentos de dificuldade.

Passo a explicar.

Um dia, você decidiu seguir um caminho. Um caminho na vida profissional, um caminho na vida sentimental, um caminho na vida familiar etc.

Quando João casou-se com Débora, por exemplo, o caminho do casamento com Carla não era mais opção. Pelo menos, não era mais opção naquele momento. Portanto, escolher um caminho é abdicar do outro. E cada caminho é portador de pedras próprias e pães próprios.

Meu neto, é impossível prever o que o destino reserva a cada um ao longo de cada estrada.

Tenho um amigo, Juvenal, que cursou jornalismo. À época, prosperou. Parecia o mais acertado dos caminhos. Mas, em 1964, veio a ditadura. O jornal foi fechado. O amigo foi falido. Digo que foi falido, porque não foi ele quem faliu, mas o governo que o levou à bancarrota. Havia uma tristeza no meio do caminho e ninguém poderia prever.

Outro amigo, Gael, estudou medicina veterinária. Gael era intensamente feio e levemente avarento, uma ironia ao sentido de seu nome. Mas a feiura e a avareza de Gael o fizeram vencer. Recusado por Júlia, ele foi curar as dores da rejeição em uma fazenda de Goiás. Anos depois, comprou a propriedade, comprou bois e casou-se com uma bela goiana. Dizem que a última também foi uma compra, dada a disparidade estética entre os nubentes. Pode ser, mas isso não muda a história. Gael foi feliz. Certa feita o encontrei em um leilão de gado e saímos para almoçar. Pude ver a felicidade com que narrava sua história de vida. Havia um caminho no meio da rejeição de Gael e ninguém poderia prever.

Conselho número 1

Opte pelo caminho que você realmente deseja. Pedras e pães haverá em todos eles. É impossível prever qual deles será o melhor para a sua vida. Só o futuro revelará o acerto ou o erro da decisão presente.

Conselho número 2

A rejeição de hoje pode ser só o meio que a vida escolheu para levá-lo para outro lugar. Uma história nova começa quando outra termina. Se não fosse o não, você não viveria o sim.

Prossigamos.

Comecemos por sua vida profissional. Suponhamos que você tenha escolhido o Direito (pode ter sido qualquer outro curso). Você ingressou na faculdade. E, logo no início, apresentaram-lhe o Direito Penal. Você gostou. Os descobrimentos da teoria do crime, da teoria da pena e da teoria de tudo que os criminalistas adoram fizeram seus olhos atentos. Caso você, amigo leitor, tenha optado por outra Ciência, basta imaginar a primeira boa matéria com a qual teve contato.

O estudante de direito comumente apaixona-se pelo Direito Penal. Mas, na maioria das vezes, o crime não compensa nem para o advogado. Há um abismo entre a teoria e a prática. Por isso, a paixão arrefece tão logo o exercício da profissão começa.

No ano seguinte da graduação, falta cortesia à Ciência Jurídica. No seu caso, ofertaram-lhe o Direito Empresarial. Começamos a subida.

No meio do estudo de Direito de Empresa, narraram sociedades anônimas. Discorreram sobre ações, debêntures, partes beneficiárias. Proclamaram a responsabilidade dos acionistas, o quórum para deliberação em assembleia e as competências do conselho de administração. E o professor, deleitando-se com os olhos ao ver nos olhos do aluno a aflição, agendou uma prova. Eis o seu primeiro rio. Aqui, leitor extrajurídico, basta pensar na disciplina furtadora da sua paz na graduação.

Prova marcada. Um mês de antecedência. Você poderia ter estudado, lido os capítulos em livros distintos, resolvido provas anteriores. Mas não. Nada disso. No dia da prova, podendo ser o monge puritano, você foi o pecador. Você decidiu "tomar emprestado" o conhecimento alheio. Você colou.

Aqui, leitor, escolho eu quem você foi. Escolho porque ao escritor é ofertada a dádiva de ser criador de sua obra. A onipotência, a onisciência e a onipresença de quem escreve permitem toda definição.

Continuemos.

Você sucumbiu à tentação do ilícito. Na hora da adversidade, você colou. Ou, pior, você atuou. Você foi ator. Colocou um capuz para esconder fones de ouvido na orelha, chegou à sala de aula tossindo, simulou qualquer espécie de doença e sentou-se ao fundo.

Mas alguém, sentado do lado de fora da sala, dizia: "o acionista só responde pela ação que subscreveu e não integralizou... as ações podem ser ordinárias, preferenciais e de fruição... debêntures podem ser conversíveis em ações...". O que era? Era a voz do ilícito sussurrando em seus ouvidos. Você se valeu da mulher à beira do rio. E atravessou, aparentemente, com êxito.

Aqui o leitor deve estar pensando: como um velho se refere a fones de ouvido? Não pense bobagens, meu caro. Refiro-me ao que eu quiser. Retire os olhos de mim. Coloque os olhos em você. Todo velho tem um quê de impaciência. Avancemos.

O porém vem depois do rio.

A tragédia, leitor, não está no furtar o conhecimento alheio, mas em não reter o objeto da subtração. Quando Joana dita a resposta a José, Joana aprende mais. José, menos. Eis o segredo bíblico: ao que tinha muito, mais ainda lhe foi dado. Ao que tinha pouco, até o pouco que tinha se exauriu. Por quê? Porque se você não enfrenta o desafio, você não cresce. Se você não reconhece o erro, você não aprende com ele.

Conselho número 3

O primeiro passo para crescer com o erro é reconhecê-lo. Reconheça os seus.

Conselho número 4

Se, no momento do desafio, você se vale do esforço alheio, este alguém fica mais preparado. Você, menos. Esforce-se.

No semestre seguinte, lá estão você, o capuz e os fones de ouvido. Claro que o *modus operandi* pode ser outro. Talvez rabiscos nas paredes do banheiro, papéis na cueca, frases na sola do sapato. Pouco importa a forma. Em todos os casos, você carrega a mulher diante do rio. Em todas as situações, suas mãos tocam o ilícito. E, pasmem, na faculdade, é possível graduar-se assim.

Aqui, leitor, pontuo uma crítica às faculdades de Direito, e creio extensível às academias em geral. As faculdades, nos dias de hoje, permitem que o bacharel em Direito não saiba o Direito no qual diz ser bacharel. É o diploma que fala o que o diplomado não sabe falar. É a fraude atestada por documento oficial.

Mas não se iluda, jovem leitor! Se as faculdades perdoam erros aviltantes, a vida não costuma perdoar. A composição dos danos ao cérebro, tão comum na graduação, é improvável na vida laboral. Depois da universidade, vivemos de resultados próprios, não de alheios.

É possível carregar a mulher apenas enquanto as águas do rio batem nos joelhos. Mas, na vida após a graduação, o rio é mais profundo. E, provavelmente, você terá que nadar. Suas mãos não poderão tocar a jovem corrupção sentada à beira do desafio. Talvez ela nem esteja lá no dia dos fatos. Só que você não sabe nadar. Você só aprendeu a usar as mãos para o ilícito. Para o lícito, você é ignorante.

Conselho número 5

Soluções interinas não são soluções. Elas apenas adiam o enfrentamento do problema. Em algum momento, para vencer o problema você terá que enfrentá-lo. Adiar esse enfrentamento pode tornar o desafio maior.

Capítulo 2

A VIDA APÓS A GRADUAÇÃO

Chegamos ao final do curso. É o momento do seu primeiro teste na vida pós-faculdade. Diante dos seus olhos, aproxima-se um exame, o exame da Ordem dos Advogados do Brasil (OAB). Se você não é do Direito, pense na entrevista de emprego, na prova de residência, no teste para empreender.

Vem a prova da OAB. Vem, mas você não vai. Ela passa. Passa, mas você não passa. E não passa por quê? Porque não é possível levar fone de ouvido ao exame. Porque anotações no solado do sapato são insuficientes. Porque a cueca não comporta todas as leis.

Neste momento, o egresso percebe que, na prova da vida, o exame difere do teste da faculdade. A mulher não está sempre à beira do rio. E, como sozinho, o estudante nunca atravessou rios, coube-lhe o sucumbir. Eis o resultado: 29 acertos em 80 questões.

E qual a sua reação?

Aqui, leitor, não se apresse. Não se apresse, porque livro bom é livro lido aos poucos. Obra boa é obra degustada. Busque um café, sente-se no sofá, tire os sapatos. Vá. Eu lhe esperarei.

Aqui, faço pausa para explicar dois perfis diferentes de seres humanos. Sim, existem perfis distintos. Desde o início do mundo, existem Caim e Abel.

Há dois estilos de pessoas: as que procuram responsabilidades e as que procuram responsáveis. E o leitor há de me perguntar qual a diferença entre elas? E eu lhe responderei: as primeiras crescem. As segundas assistem ao crescimento.

Abel é quem assume a responsabilidade e quem, consequentemente, encontra graça Divina. Caim é quem, fracassando, procura o responsável pelo seu fracasso, mata covardemente o outro e é rejeitado pela Vida. Caim é sempre refutado pela história.

Em verdade, meu amigo leitor, o desertor do próprio ônus é figurante no palco da vida. Não percebe o pusilânime que o sucesso alheio é fruto do enfrentamento da responsabilidade que cabe a cada um de nós. O enganador de si mesmo é membro vitalício do grupo dos medianos.

Neste ponto, quero contar-lhe duas histórias, ou melhor, uma história de duas pessoas. Uma é Maria, a outra é Raquel. Ambas estudaram comigo na graduação. Maria anunciava o machismo do mundo e voltava para casa. Raquel, ouvindo o anúncio, dedicava-se com mais afinco, sujeitava-se a mais entrevistas, tornava-se melhor estudante. Resultado? Raquel foi ministra. E Maria? Maria, pelo que soube, foi vista em alguma repartição, reclamando do governo dos homens.

Mas continuemos.

Como sou eu quem escreve, escolherei seu papel agora. Não me leve a mal, porque suporei que você, reprovado no exame, tenha optado pelo grupo desertor. Nada pessoal. É que assim a análise que faço é enriquecida. Depois, faremos caminho inverso. Mais a frente, você será o monge puritano. Fique tranquilo, meu caro. Meus poucos fios brancos hão de acrescentar fios de vida à sua vida.

Você foi reprovado no primeiro exame. Publicado o resultado, restou também publicada sua vergonha. Por quê? Porque do bacharel em Direito espera-se a aptidão à advocacia. Nada menos do que isso.

Vivenciada a derrota, cabe-nos analisar sua reação.

Primeiro, o espanto em seus olhos. Depois, o escândalo nos olhos da sua família. Por fim, a explicação: a culpa é do outro.

De quem é a culpa, leitor? A culpa é do outro. A culpa é de Abel! Quem tropeça na pedra no meio do caminho, não culpa sua falta de atenção. O caído responsabiliza o inventor do caminho, da pedra ou da pedra no meio do caminho. É típico de quem cai procurar o autor da rasteira, mesmo quando foram suas pernas que trombaram uma na outra. Há uma cegueira seletiva nos olhos de quem tropeça.

Você, no caso reprovado, sem demora, elenca três responsáveis: o examinador, a família e o que chamo de "qualquer outro fato da vida".

O examinador, porque sua prova foi a mais difícil dos últimos anos. Ah, leitor, todos pensamos assim. Nossas lutas são sempre as mais difíceis da história. Temos em nós arraigado um falso espírito de perseguição, que anuncia a trama do mundo contra nós. Não se iluda. Quem trama contra o preguiçoso é a sua preguiça. O inimigo do pródigo é o seu desequilíbrio. Quem arruína o bom futuro é o mau presente.

A família é culpada porque, podendo apoiá-lo, o ignorou. Porque não o deixou estudar, não fomentou o progresso, não o criou Reale, apesar da realidade que se percebe. Neste ponto, talvez, haja alguma razão. Em verdade, há famílias que estimulam o estudo e há famílias que estimulam os estúpidos.... Mas nem assim podemos responsabilizá-los. Valho-me de Sartre: "não importa o que o mundo fez com você. Importa o que você faz com o que o mundo fez com você".

"Qualquer outro fato da vida" é o culpado, porque, ao cair, tudo é causa para a queda. O convite para um evento ou a falta dele. Os amigos ou a ausência deles. A insuficiência de condições financeiras ou o excesso de fortuna desestimulador do sacrifício. Enfim, apesar de não constar paternidade na certidão de nascimento da derrota, muitas são as ações de investigação para descobrir sua origem.

Conselho número 6

Não procure os responsáveis. Procure responsabilidades.

Conselho número 7

Ao liderar sua família, estimule os estudos, e não os estúpidos. O mundo agradece.

Voltemos.

Dois ou dez exames depois, você é aprovado. Parabéns!

Mas, venhamos e convenhamos, passar no exame da OAB é atravessar o primeiro e mais tranquilo rio da advocacia. A dificuldade maior do causídico vem na prática, explicita-se no cotidiano.

Sofre o advogado no balcão do cartório, na cobrança do cliente e na ausência de cliente para cobrar. Peleja o causídico com a falta de bom senso de quem julga, de boa-fé de quem advoga e de bons costumes de quem bate às portas do escritório. Eis os rios mais profundos da advocacia. De fato, meu amigo leitor, os obstáculos de grande envergadura de qualquer profissão se evidenciam em seu exercício diário.

Aqui, meu nobre, aproveito o ensejo para contar o que me contou Requião, advogado criminalista. Disse-me o causídico que certa feita fora visitado pela mãe de um autuado em flagrante. O caso era simples: o preso havia roubado dois transeuntes com arma de fogo, o que fora registrado pelas câmeras instaladas na rua. O agente foi preso dois minutos e quinhentos metros depois, com a arma de fogo, os relógios e as carteiras das vítimas.

A mãe queria que Requião lhe garantisse o alvará de soltura e a absolvição do filho, sob pena de não pagamento dos honorários. O advogado olhou para a cliente e com a ironia que lhe era peculiar respondeu-lhe:

– Senhora, creio que tenha errado de rua. No tocante à previsão do futuro, na rua de cima, há uma vidente. Ela poderá lhe ajudar. Eu não posso garantir-lhe nada. Em relação à absolvição do seu filho, na rua de baixo há uma igreja. Milagres ocorrem ali. Eu não tenho atributos divinos.

A mulher saiu nervosa do escritório. Requião perdeu um cliente, mas ganhou uma história. Carregou consigo o fato durante a vida e eu, aqui, o registro para a posteridade.

O advogado sofre no exercício do labor.

Continuemos.

Suponhamos que você deseje a magistratura.

Neste momento, falo eu com a propriedade de que foi magistrado, de quem vestiu a toga e, principalmente, de quem deixou que a toga o vestisse. O Estado não é o juiz, mas o juiz é o Estado. De forma que não cabe ao magistrado reduzir o Estado às suas paixões pessoais, mas, pelo contrário, deve o magistrado reduzir suas misérias emocionais ao anseio Constitucional do Estado.

Lembro-me de Júlio, aprovado comigo no mesmo concurso da magistratura. Júlio fez duas celebrações no dia de sua posse. Celebrou o nascimento da magistratura em sua vida e o falecimento dos livros em sua rotina. Enterrou Júlio todas as obras desde o dia em que foi aprovado. Nunca mais as abriu. Uma aversão à literatura jurídica. Vez ou outra, era avisado por um assessor a respeito de inovação legislativa. E assim se dava a atualização do colega. Soube que o motivo de sua aposentadoria foi a Constituição de 88. Conhecer um ou outro artigo novo ainda era possível. Mas estudar toda uma nova Carta Política era demais. Já tendo tempo para se aposentar, aposentou-se. Fez bem. Pelo menos, não reduziu o Estado às suas concepções. Depois de anos, morreu Júlio pescando em Mato Grosso, aos 88 anos. Saudoso Júlio...

A verdade é que o Brasil mudou e a forma efetiva de ingresso na magistratura também.

Aqui, se você não pertence à Ciência das Leis, empreste o espírito, por um momento, ao operador do Direito e sinta a angústia de quem decide por uma carreira jurídica, cujo ingresso se dá por concurso público.

Hoje, vivemos em um país no qual o candidato tem à sua disposição cinquenta mil questões em sítios eletrônicos. Ao som de cliques, candidatos assistem a aulas on-line acessíveis a quem mora em Rodeio Bonito/RS e Mucajaí/RR. Em acréscimo, palestras são ministradas via aplicativos com professores renomados. Consequência? A aprovação ficou mais difícil. Bem mais difícil. Por quê? Porque todos têm as mesmas armas.

Conselho número 8

a tecnologia permitiu paridade de armas. O que era vantagem no passado, não é diferencial nos dias de hoje. Todos têm o mesmo acesso. Agora, apenas a dedicação definirá o vencedor. Dedique-se.

O ingresso em uma carreira pública no âmbito jurídico tornou-se rio profundo. Você terá que nadar em águas turvas, em meio a tempestades, contra correntezas. É neste momento que o carregador da mulher indevida sucumbe. Por quê? Porque ele não sabe nadar. Porque ele não suporta o desgaste que a travessia daquele rio exige. Porque ele não foi treinado para enfrentar grandes obstáculos. Porque não tem preparo nem resistência para as adversidades da vida como ela é. O reiterar do erro fez desconhecido o acerto.

E qual a saída? A saída é voltar ao primeiro rio. Se você desejar obter sucesso em um concurso público relevante, você terá que estudar realmente as disciplinas que sempre negligenciou.

Na estrada da vida, os rios passados com engano terão que ser, na maioria das vezes, repetidos. Repetidos até você aprender a lição. Porque tudo que é feito no escuro, um dia vem à luz.

Lembro-me de Ulisses, colega meu de faculdade. Morreu jovem o gaúcho. Não mais do que 52 anos. Descobri, *post mortem*, que Ulisses fumava escondido da esposa. Não sei como, mas jurou Clarissa, no dia de seu enterro, que nunca percebera o vício. Disseram-me depois que Ulisses colocava uma jaqueta quando pitava no escritório. E, eventualmente, caso levasse consigo algum odor do cigarro, culpava Pacheco, advogado do mesmo escritório e fumante declarado. Pode ser. A história é pouco crível, mas nas palavras machadianas, "a verdade, às vezes, é inverossímil". Sei apenas, e isso sei com certeza, que Ulisses morreu de câncer no pulmão. Tudo que o gaúcho ocultava foi posto sobre a mesa do hospital.

Conselho número 9

Tudo que é feito no escuro, em algum dia e de alguma forma, vem à luz. Quem nunca aprendeu matemática pode até se formar, mas não saberá fazer contas. Em algum momento, sua ignorância será percebida. Em alguma situação, ela fará falta. A aparência de conhecimento não é suficiente. Procure aprender realmente. Isso promoverá desenvolvimento nas mais diversas áreas da sua vida.

O que buscamos? Buscamos vitórias. Na vida, queremos vitórias retumbantes, apaixonadas, com gosto e, de preferência, sem desgostos.

Mas paixão, do latim *passio -onis*, quer dizer, em essência, sofrer. Portanto, estar apaixonado é estar disposto a sofrer. E o que é uma vitória apaixonada? É o triunfo precedido de sacrifício. É o sorriso antecedido por lágrimas. É estar disposto a descer antes de subir. Por quê? Porque é preciso compreender que o sofrimento é inerente ao crescimento.

Conselho número 10

Todo crescimento exige algum tipo de sofrimento. Aceite.

Perceba com Cristo, que morre para gerar vida. Veja com o pai, que trabalha em dobro para pagar os estudos do filho. Constate com a história, que exigiu sangue antes de conceder liberdade.

Logo, para que você se realize, em qualquer área da vida, será necessário se sacrificar. Não há saída. Os rios estão por todos os lados. E diante do rio, você terá que decidir: ou tocar a mulher ou seguir sem pestanejar em direção a um propósito maior.

Não se engane. O ilícito não é **só o fone de ouvido no dia da prova. Este** é **apenas vestígio.** O ilícito é a propina que o policial recebe, é a traição que o casado comete, é a mentira que cada um de nós conta.

E você me dirá que os ilícitos acima são evidentes e que diferem muito da transgressão juvenil. E eu lhe direi que não. Leitor, meu caro leitor, na essência, eles são todos iguais. Assim como os erros juvenis são justificáveis, os ilícitos na vida adulta também o são. Todos nascem em situações de vulnerabilidade. É verdade que depois que viram costume independem da existência de rios ou não. Mas, antes, necessitam da adversidade para nascer. A dificuldade é parteira de várias transgressões.

O policial, que era honesto até o dia de ontem e que se fez desonesto no dia de hoje, recebeu propina porque passa por calamidade financeira: sua mulher foi demitida e o tratamento de seu filho exige R$ 2.200,00 (dois mil e duzentos reais) mensais. Somem-se a isso a negativa do governo em custear o tratamento, o indeferimento da liminar em mandado de segurança e o congelamento do seu subsídio. Ainda, o agente público aceitou a quantia porque o casal de meia idade parado na blitz morava a 300 metros da abordagem policial. E eles estavam indo para casa, após meia garrafa de vinho, não mais do que isso. Logo, não havia dano à sociedade. Benditos R$ 500,00 (quinhentos reais) de propina! Trouxeram dois ganhos, sem trazer prejuízo!

Bendito ilícito! Salvou o policial, salvou o casal e não prejudicou a sociedade. A despeito da ironia, veja, leitor, a transgressão já nem parece tanto transgressão assim...

O homem casado há treze anos nunca havia traído a esposa. Mas o tempo e os dois quilos a mais por ano deixaram a mulher mais seca no trato e menos seca no tato. No meio do caminho havia uma pedra, no meio da estrada havia um rio. E, à beira do rio, uma mulher, ou melhor, uma jovem mulher de 21 anos.

A estagiária, vinda do interior e habitante solitária da capital, achava o chefe a definição intelectual do charme. Mal sabem os homens que almejam o título de galanteadores que os músculos são atributos de primeira impressão. Mas a inteligência é qualidade de segunda, terceira e infinitas impressões. Quem convive com a inteligência corre o risco de se apaixonar pelo inteligente. Diante do saber do mestre, nasce o querer da mestranda. No caso hipotético, a atenção da moça contradizia-se à desatenção da esposa. Até que, em um dia, a jovem, repleta de dúvidas, convidou o superior a sanar os "questionamentos" em sua residência. Era noite de segunda-feira. Ele foi. E lá se foi a fidelidade.

Você o condenará. Mas não se apresse, leitor. Antes, considere o coração. Coração é orgulhoso. Não aceita ser terra devoluta. Ou o possuidor do coração alheio exerce a posse ou sofre o proprietário do órgão a desapropriação para fins de reforma. Alguém há de explorar o coração abandonado. Perceba, então, que o ilícito nem foi tão ilícito assim...

E as mentiras que contamos? Contamos porque a verdade é faca e a carne é fraca. Logo, por vezes, esfaquear quem já está ferido é condená-lo a morte. E você há de falar que não há reprovação em quem mente para deixar viver. Pois digo que há. Porque quem não conhece a verdade, não combate a mentira. O iludido vive no engano, vive do engano e vive para o engano. Não cabe a João poupar José da verdade.

E você gritará: "mas quando o policial tomou posse, jurou combater o crime"! Concordo. Mas, naquele momento, a estrada era plana, a mulher trabalhava e eles não tinham filho. Entre a palavra e o cumprimento da palavra, o mundo mudou.

"Ah, mas quando o marido se casou, prometeu fidelidade". Prometeu. E prometeu com convicção! Mas, à época, o relacionamento vivia o seu ápice, a mulher vivia o seu auge e ela era música aos ouvidos e aos olhos do esposo. Mas ela, que era violão, fez-se, depois de tempos, violoncelo, avançou para tambor e, por fim, não compartilhava música mais. E antes que o leitor me acuse de machismos e preconceitos, digo que o inverso é verdadeiro e que o anverso também o é.

Por fim, você bradará: "E sobre o mentiroso? O mentiroso é enganador"! É verdade. E a mentira, segundo a máxima bíblica, tem pai. Mas o mentiroso ocasional mente por força maior do que o seu caráter. O pai engana para poupar o filho da decepção. A mulher dissimula para proteger o marido do conhecimento da infidelidade. E o aluno responde com base na resposta do colega para ser aprovado.

Conclusão?

Conselho número 11

Entre o firmamento de uma promessa ou meta e sua concretização, a realidade mudará várias vezes. Para permanecer fiel à sua palavra, será necessário ajustar os planos periodicamente e alimentar o sonho constantemente.

O que percebemos? Percebemos que a vitória da vida conjugal, da vida laboral, da vida financeira, da vida saudável ou da vida em qualquer área **exige paixão. Exige sacrifício.** Se você não está disposto ao sacrifício, não se iluda: não existe paixão. Existe um desejo, uma vontade, um querer. Mas paixão, não.

Conselho número 12

Qualquer vitória efetiva exigirá algum tipo de sacrifício. Se não há sacrifício, falta relevância ao projeto.

Pergunte a estudantes de Direito se eles gostariam de ser juízes. Uma multidão lhe dirá que sim. Pergunte se efetivamente estudam para isso. E a maioria desta multidão lhe dirá que não. Apenas a minoria dos presentes lhe responderá afirmativamente. O que os primeiros têm? Eles têm desejo. E os últimos? Os últimos têm paixão. Estes estão dispostos a sofrer antes de triunfar. Aqueles, não. Eis a máxima bíblica na vida jurídica: "os primeiros serão os últimos e os últimos serão os primeiros".

Conselho número 13

Não basta ter desejo para vencer. É preciso paixão.

Capítulo 3

LIDANDO COM OS ERROS NO MEIO DO CAMINHO

Meu amigo leitor, agora posso, realmente, chamá-lo de amigo. Dois capítulos depois, somos íntimos. **Não tão** íntimos **quanto Paulo e Timóteo, nem tão distantes quanto Esaú e Jacó. Somos de uma intimidade ideal.**

Penso que você crê, pelo descrito nas duas primeiras cabeças do livro, que o escritor não erra. Erra. E eu errei com abundância nesta vida. Mas a sabedoria está em fazer do erro professor, do fruto do erro lembrança e do futuro da vida esperança de ao erro não retornar.

Conselho número 14

Erros novos são sinais de progresso. Erros repetidos, de estagnação. Progrida.

Logo, você me perguntará: "o que farei quando errar"? "Errarei eu vez ou outra"?

Aqui, corrijo apenas detalhe do seu segundo questionamento. Você não errará vez ou outra. Você errará vezes e outras. A frequência do tombo é maior do que se pretende.

Mas, neste momento, o conto nos brinda com outra lição.

O monge infrator reconhece o seu erro, se perdoa e é capaz de continuar a caminhada de forma leve. Tendo deixado a mulher em solo firme, deixou o transgressor sua transgressão e seguiu os passos de quem almeja avançar.

Quantas vezes você já errou e não se perdoou?

Aqui, lembro-me de Sônia. Sônia foi esposa de meu compadre José. Ambos já falecidos. O bom e o mal de viver cem anos, meu caro, é que a maior parte dos nossos conhecidos já conheceu o outro lado da vida. O bom é o sinal de que vivemos muito. O mal é o aviso de que nos resta pouco. O bom é que nenhum deles pode me contradizer. Se, na máxima latina, o direito não socorre aos que dormem, há uma ausência de socorro permanente aos que dormiram em caráter definitivo. O mal é que, não sabendo todos os detalhes, não poderei questioná-los.

Mas voltemos.

Sônia teve caso extraconjugal no início da relação. Descoberta em sua vergonha, coberta foi de humilhação. A traidora pediu perdão ao traído. José perdoou, mas sem perdoar. Continuou o relacionamento, mas encerrou o respeito. Pior, Sônia pediu perdão a José, mas se esqueceu de pedir perdão a si mesma. Prosseguiram no matrimônio, mas sempre carregando o erro inicial. E isso foi o alvará de funcionamento da humilhação. Durante os cinquenta anos que se seguiram, Sônia foi incontavelmente humilhada. E por que ela aceitava o destrato? Porque ela mesma não havia se perdoado. A mulher levou a "mulher" nos braços durante a vida. A mulher levou a transgressão nos atos até a morte.

Quantas vezes, leitor, erramos, mas não nos perdoamos? Quantas vezes somos Sônia?

Foi aquela traição no início do relacionamento. Foi aquele descuido nos dois primeiros semestres de trabalho. Foi o engano de uma faculdade de fachada. E você vive perenemente do erro de ter sido infrator um dia. Você, sendo juiz da própria vida, condena-se à prisão perpétua.

O tempo é fogo. A vida é fio. E o tempo vai queimando a vida até que ela deixe de ser. O fio queimado é irrecuperável. Mas o fio ainda não atingido é virgem. E a condução do caminho de amanhã é uma decisão de hoje.

Conselho número 15

O amanhã é virgem. Por favor, não o estrague.

Você pode ter sido péssimo estudante, lamentável pai e desleixado trabalhador até o dia de hoje. Mas, com certeza, não há um único estudante, pai ou trabalhador melhor do que você no amanhã. O amanhã é virgem.

Não carregue o erro de ontem no dia de hoje. É preciso encerrar um ciclo de mediocridade, de culpa, de abandono. Mas não se engane! O encerramento não é natural, porque um corpo em movimento tende a ficar em igual movimento. Eis a inércia. Para mudar de ciclo será preciso romper com a rotina originalmente estabelecida. É preciso que seja exercida uma força sobre o seu corpo. Uma força capaz de tirar o peso que você carrega nas costas. Uma força idônea a levá-lo a caminhar mais leve, mais disposto e mais feliz pela estrada da vida. Essa força se chama perdão, ou melhor, "autoperdão".

Conselho número 16

Para transformar nossa história pessoal, é preciso romper com o estilo de vida que levamos até o dia de hoje. Esse rompimento exige postura e perdão. Você precisa perdoar quem você foi até ontem. Só assim, você terá a leveza necessária para prosseguir. "Autoperdoe-se".

Quem não se perdoa não aceita o extraordinário para si, porque não se sente merecedor de uma vida grandiosa. Eis um ledo engano, meu jovem. Em verdade, só há vida grandiosa. E, se não há grandiosidade na vida, o que falta é vida. Há um tanto de morte nos olhos de quem não se indulta.

"Autoperdoe-se". Deixe a mulher em terreno seco e continue seu caminho, preparando-se para os rios que ainda virão.

Capítulo 4

O QUE É VITÓRIA?

Jovens querem vencer. Velhos querem vencer. O que distingue estes daqueles não é **o sentimento.** É **o conhecimento. O jovem, na maioria das vezes, não sabe o que** é **vitória. E o que** é **vitória?**

Calma, leitor, muita calma. Esta sua pressa em encerrar o livro faz mal à compreensão. Muita água em pouca planta é morte. Vá devagar no tragar do conhecimento, para que você aspire todo ele. Evitemos a ressaca de quem se apressa no beber.

Começarei pelo que não é. Gosto de dizer o que não é antes de dizer o que é. Assim, começo poupando confusões e facilitando as explicações.

Conselho número 17

Quando não souber o que quer, comece enumerando o que você não quer. Talvez reste uma única opção. Eis a eleição por via inversa.

Vitória não é **reconhecimento.** Reconhecimento é consequência da vitória. Aliás, nem toda vitória traz essa consequência. Shakespeare morreu sem ser reconhecido, apesar de sua obra ser de uma vitória universal. Somente muitos e muitos anos depois, o dramaturgo foi efetivamente aclamado. Venceu em vida. Foi reconhecido em morte. Logo, vitória não é reconhecimento.

A negativa inaugural é boa porque serve como freio à vaidade.

Conselho número 18

Não confunda vitória com reconhecimento. Um não depende do outro. Mesmo que você vença, haverá que nunca reconhecerá sua vitória. Por outro lado, é possível que encontre alguém reconhecido sem um único triunfo efetivo. Não dependa do louvor alheio.

Vitória não é **ocupar cargo, função ou emprego de destaque.** Vitória não é ser juiz de Direito em Brasília, médico do hospital Albert Einstein, advogado de Sérgio Bermudes, engenheiro de qualquer grande construtora, empreendedor de sucesso, acionista majoritário do banco Itaú. Não, isso não é vitória.

Imagine Ivo Pitanguy advogado, Ruy Barbosa médico, Jorge Paulo Lemann funcionário público e Carlos Ayres Britto dono de cervejaria. Teríamos quatro derrotados. Por qual motivo? Por falta de capacidade? Obviamente, não. Seriam quatro derrotados por falta de vocação.

Provavelmente, Pitanguy não suportaria passar as tardes redigindo peças de agravo de instrumento e Ruy Barbosa não aceitaria, como instrumento, um bisturi. Certamente, mataríamos Jorge e Carlos. O primeiro, de tédio. O segundo, de infarto.

Mas temos quatro vencedores. Temos! E por que temos? Porque todos foram ou são o que gostariam de ser. Há uma coerência entre o desejo do coração e a ação das mãos de quem vence. Há uma congruência entre o anseio e a implementação do anseio de quem é conquistador.

Conselho número 19

Mantenha coerência entre os seus passos e os projetos que você quer concretizar.

Aqui, falarei sobre Eugênio. Eugênio era primo de minha primeira esposa. Ele também já nos deixou. Sei que o leitor começa a sentir um excesso de odor fúnebre na obra. Mas, meu amigo leitor, não há outro caminho. Os companheiros de um centenário já se foram. Restam apenas minha família, que me descende, e você. Por isso, tenho me empenhado em conquistar seu apreço. Não se atemorize. Os odores do livro pouparão você das dores da ignorância. A obra recomenda a vida. Apenas os exemplos são de quem já morreu.

Mas falemos de Eugênio, meu primo por afinidade. Eugênio nasceu pobre. Ele, cujo nome significa "aquele de origem nobre", foi uma contradição. Nasceu pobre e morreu rico. Porém isso não importa. Importam outras contradições.

Quando recebi a notícia da internação de Eugênio, fui visitá-lo no hospital. Levei uns versos, que declamávamos na mocidade. Sinto falta de uma juventude poética. Hoje, percebo um empobrecer sem precedentes nas palavras de quem começa a vida. Ora, se eu não sei falar, de que me adianta a voz?

Voltemos.

Levei os poemas. Sentei-me ao lado da cama do enfermo. Li dois ou três versos. Interrompi minha própria declamação. Olhei para Eugênio e fiz simples pergunta: "Meu amigo, aproximamo-nos do final da vida. E, na sinceridade de quem não tem mais o que perder, já que perde o que mais tem, pergunto-lhe: você se arrepende de algo? ".

Eugênio me respondeu: "Arrependo-me de duas decisões. Arrependo-me da profissão que escolhi e do casamento que celebrei. Queria ter sido ator, mais fui autor. Escrevi peças jurídicas, quando queria encenar peças teatrais. No matrimônio, casei-me com a filha do meu superior, quando amava a filha do meu subordinado. Ao final, fiz-me mais rico e menos feliz. Venci minha origem e perdi meu destino. Eis os meus dois arrependimentos".

Eugênio venceu, mas perdeu. Perdeu porque vitória não é ascensão social. Erasmo de Rotterdam dirá que "o mal só é mal para quem o sente. Que te importa se todos te vaiam e tu mesmo te aplaudes?". Em raciocínio silogístico, afirmo que o bem só é bem para quem o sente. Que te importa se todos te aplaudem e tu mesmo te vaias? Eugênio se vaiava.

Neste ponto, vale uma reflexão. Afinal de contas, que coisas importam na vida secular?

Meu caro, atenção para que não me compreenda mal! Refiro-me à vida secular. No tocante à vida espiritual, cada um tem a sua fé. Eu creio em Cristo, mas ao cristão cabe respeitar o não cristão, sob pena de infringir o segundo maior mandamento. E, nas palavras shakespearianas, há mais mistérios entre o céu e a terra do que a nossa vã filosofia pode imaginar.

Voltemos.

Que coisas importam na vida secular?

Eu digo que três palavras resumem o que importa na vida: relação, profissão e colchão. Pois, ou o sujeito dorme, ou trabalha, ou se relaciona, mesmo que se relacione consigo mesmo.

Aqui vale mais uma observação. Quem não suporta ficar sozinho por um momento demonstra odiar sua própria companhia. Precisa sempre do outro para que possa se esquecer de si mesmo. Como o fardo de carregar o seu ser é pesado, prefere o odioso da própria essência compartilhar o peso com terceiro. Assim, ambos suportam o primeiro.

E digo-lhe uma verdade, meu amigo leitor: as melhores ideias são semeadas na convivência, mas percebidas na solidão. Exemplifico.

Certa feita conversava com empresários. Contavam-me os empreendedores que enfrentavam problemas tributários e demandas trabalhistas, mas confessavam que as infrações cometidas eram praticadas na ignorância da lei. Ouvi atentamente as palavras de cada um deles.

Depois voltei para casa. Fui ao escritório. Havia me aposentado como magistrado há três meses. Sentei-me em minha poltrona do escritório. Estava sozinho. Pensei. Pensei. Pensei. Daí, colhi uma ideia! Formulei um programa de prevenção de ilícitos tributários e trabalhistas. Hoje, vários fazem isso. À época, não. Contatei dois colegas especialistas nas respectivas áreas e montamos um plano de excelência. O projeto foi um sucesso.

Mas, leitor, perceba alguns pontos importantes do que lhe contei agora.

Primeiro, em relação à conversa com os empresários, enquanto eles falavam, eu ouvia suas palavras atentamente. Há inúmeras oportunidades perdidas pela falta de atenção. Rubem Alves dizia que precisamos praticar a "escutatória". As pessoas só querem falar, apenas gostam de ser ouvidas, mas ninguém quer ser "ouvidos". Quando alguém conta alguma coisa, já o interrompemos. Já temos algo a acrescentar, sem sequer termos ouvido o locutor. Abreviamos conversas, desperdiçamos sementes, destruímos ideias. Pratique a "escutatória".

Conselho número 20

A maioria das pessoas não presta atenção ao que os outros falam. Faça diferente. Ouça atentamente cada palavra. Oportunidades aparecem nas entrelinhas das conversas. Pratique a "escutatória".

Segundo, em relação ao momento em que refleti em minha casa, veja como foi necessário ficar um tempo pensando. Existem ideias boas que caem em terrenos ruins. E terrenos ruins, no ensinamento bíblico, não são apenas aqueles em que a semente não nasce, mas também aqueles em que a semente nasce e morre por falta de raiz, por sufocamento ou por subtração.

Quando cheguei em casa, eu tinha a semente. Ao ingressar no escritório, eu a semeei. Ao ter a ideia, ela nasceu. Ao maturar a ideia, antes de ligar aos outros patronos, ela criou raiz, o que impediria eventuais subtrações. Ao desenvolvê-la com os outros causídicos, ela ganhou força. Força suficiente para impressionar os clientes e para suportar as demandas que viriam.

Conselho número 21

Boas ideias precisam ser desenvolvidas antes de apresentadas.

Conselho número 22

Relacionamentos geram oportunidades. Reflexões geram ideias para aproveitar essas oportunidades.

Continuemos.

Se a vida secular exige colchão, relação e profissão, pergunto: como pode ter uma boa vida quem dorme mal, trabalha onde não quer e é casado com quem não gosta? Em verdade, não pode. Aí esteve o erro de Eugênio. Aí está o erro dos homens.

Calderón de la Barca dirá que o erro do homem é que, ao decidir o que almeja ser, o homem decide ser para o outro. Ele quer ser festejado pelo outro, ainda que enterrado para si mesmo. Um ser que é não ser, um lamento ao final da vida, um Eugênio na cama do hospital.

Vitória não é **ser o que os outros querem que você seja.** Por mais que o aplauso da plateia seja combustível, a direção do veículo deve ser definida pelo condutor, não pelo conduzido. Não posso fazer da aprovação alheia *conditio sine qua non* para a minha aprovação. Se o meu sucesso está nas mãos de José, então não há sucesso. Por quê? Porque, neste caso, terei aberto mão de mim mesmo.

Vitória é **ser quem você quer ser.**

Vitória é fazer o que o entusiasma. Entusiasmo é palavra grega, que quer dizer "Deus em nós". Vitória é ser aquilo que faz com que seu espírito se anime. É fazer aquilo que desperta toda a potencialidade divina em você. É o terreno capaz de abrigar um castelo, de Fernando Pessoa, abrigando o castelo que se deseja ser.

Ah, Fernando Pessoa, falemos de Pessoa.

O português continua atual. Atual porque as prosas e os versos do escritor não são lidos. Não se espante, amigo. Pessoa não é lido. O verdadeiro poema nunca é lido. Em verdade, o bom poema lê. Perceba. Eu me emociono ao ler o poema, quando percebo que o poema me lê. Ele lê meu espírito, destrincha meus sentimentos, revela os meus pensamentos. O poema me lê. Eis a vitória de Pessoa: muito mais do que lido, Pessoa é leitor, leitor da alma humana.

Aqui, vale transcrever trecho do seu *Livro do Desassossego*:

"Agir, eis a inteligência verdadeira. Serei o que quiser. Mas tenho que querer o que for. O êxito está em ter êxito, e não em ter condições de êxito. Condições de palácio tem qualquer terra larga, mas onde estará o palácio se não o fizerem ali?".

"Serei o que quiser". Eis o trecho mais importante do trecho, o núcleo do núcleo. Não basta querer ser, não basta o desejo, não basta a vontade. É preciso a concretização do anseio. É preciso disposição ao sacrifício. Voltamos a um dos conselhos: é preciso paixão.

E você, meu leitor, perguntará: "vale o sacrifício?". E eu lhe responderei com Pessoa, outra vez.

O escritor, em um poema, analisa as perdas de Portugal para vivenciar a expansão marítima. E o poeta dirá:

Ó mar salgado, quanto do teu sal
São lágrimas de Portugal!
Por te cruzarmos, quantas mães choraram,
Quantos filhos em vão rezaram!
Quantas noivas ficaram por casar
Para que fosses nosso, ó mar!

Valeu a pena? Tudo vale a pena
Se a alma não é pequena.
Quem quer passar além do Bojador
Tem que passar além da dor.
Deus ao mar o perigo e o abismo deu,
Mas nele é que espelhou o céu.

Tudo vale a pena, se a pena tem propósito maior. Se o seu sonho, leitor, exige dez anos para concretização, é melhor sacrificá-los do que destinar apenas dois para ser o que você não quer. No primeiro caso, o sacrifício de uma década, produz vida em uma vida. No segundo, o investir de dois anos fabrica morte, resulta em vida não vivida. Porque a derrota está em não ser aquilo que o entusiasma.

Tive uma prima mais velha (não preciso dizer que já morta) que viveu morrendo durante toda a sua história. Primeiro, no casamento. Casou-se com um vizinho, porque o namorado inaugural servia à Marinha e ela teria que esperar cinco anos para que pudessem se casar. Muito tempo naquela época. Depois, abandonou a enfermagem, quando exigiram dois anos de treinamento. Ficou com a costura, que já sabia fazer. Por fim, morou até a morte na casa dada pelo pai ao se casar. Construir uma outra residência demoraria demais. Em resumo, ela não se casou com quem queria, não trabalhou como desejava e não morou como planejava para não perder tempo. Pobre prima Rita, não perdeu tempo, mas perdeu a vida.

Conselho número 23

O tempo exigido para a concretização do seu projeto não é motivo idôneo para você abandoná-lo.

Avancemos.

Leitor, você sabe, fui casado duas vezes. E como já falei de profissão e como sobre o colchão não há maiores segredos, destinarei as próximas linhas à vida conjugal.

Sinto-me obrigado a aconselhá-lo. Não por ser senhor da verdade, mas por ser a verdade senhora dos olhos de quem já viveu. Um velho, como eu, não perderia jamais a oportunidade de falar da vida a dois. Tentarei ser breve.

Casei-me duas vezes. Uma, bem. Outra, mal.

Meu caro, só há dois estilos de matrimônio: os bem-sucedidos e os malsucedidos, tudo mais é mentira. Não há meio termo. Quem se diz mais ou menos feliz no casamento, tem matrimônio infeliz, mas cômodo. A dor não está em deixar o cônjuge, mas em abandonar tudo o que a sociedade conjugal significa. O cônjuge para o malcasado é dispensável. Indispensável é o hábito.

Como descobrir se você é feliz no casamento? Simples. Faça uma única pergunta a si mesmo: "se eu pudesse voltar no tempo, eu me casaria com quem me casei"? Se a resposta for sim, parabéns! Se a resposta for não, há algo de podre no reino da Dinamarca.

Conselho número 24

Questione-se sobre o desejo de viver tudo isso de novo. Esta é uma das formas de descobrir se você tem sido feliz.

A felicidade não exige explicações. A infelicidade, sim.

Rubem Alves parafraseia Nietsche e diz que é preciso casar-se com quem o amante deseja conversar por trinta anos. Em razão do aumento da expectativa de vida, é necessário atualizar Nietsche. Case-se com quem você quer conversar por sessenta anos.

Eis a infelicidade do meu primeiro matrimônio. Conversar por sessenta minutos com minha primeira esposa já me era enfadonho. Casei-me com Sofia, que de sábia só tinha o nome. À época, a sabedoria da companheira não integrava os requisitos exigidos ao matrimônio. Não me condene, jovem leitor, estávamos em 1940.

Sofia era ideal. Tinha beleza reservada, gestos delicados e gostos refinados. Sabia orientar as crianças da rua, as domésticas de casa e as confraternizações da igreja, não mais do que isso. Quanto ao marido, nunca soube orientar-me.

Cinco vezes, pedi o parecer de Sofia. Duas vezes, segui-o. Nas duas, ela não tinha razão. Nas três que discordei, estava certo. Parei de buscar seus conselhos. Casei-me com quem eu não queria conversar. Some-se a isso a frieza atípica e perene da esposa.

O leitor há de me perguntar por que não me divorciei. Leitor, como você é jovem! A lei do divórcio é de 1977. E, em 1977, Sofia já havia morrido.

Ficamos casados por vinte e um anos. Vinte e um anos de um matrimônio cômodo, mas infeliz. Não tivemos filhos. Sofia era estéril. Pensamos em adotar. Faltou-nos coragem.

Em uma manhã de fevereiro de 1961, não lembro se quinta ou se sexta-feira, Sofia passou mal. Levei-a ao hospital, estávamos no Rio de Janeiro a passeio. Ela foi internada. Uma semana depois, morreu. Nunca se soube exatamente o motivo. Nunca procurei saber. A causa da morte não muda a morte causada.

Chorei copiosamente. A despedida é triste, leitor, mesmo quando encerra casamento infeliz. Permiti-me o luto. Fiquei seis meses sem frequentar os jantares da nova Capital e os encontros da Capital paulistana. Depois, voltei.

Voltei aos jantares e os jantares voltaram a mim.

Era dia 12 de maio de 62, sábado. Os jornais davam conta de um tremor de terra no México e anunciavam amistoso da Seleção. Eu estava em São Paulo. Havia o jantar de aniversário de Roberto, festa previsivelmente comedida.

Cheguei pontualmente. Até hoje, chego. Causa-me estranheza o costume atual de fazer-se presente com uma hora de atraso. Hoje, uma hora de atraso é ser pontual e ser pontual é ser mal-educado. Marcam jantar às 08 horas, a fim de que os convidados cheguem às 09. Se João, convidado para jantar às 08, chegar às 08, ficará esperando inclusive quem o convidou.

Voltemos.

Cheguei ao aniversário. Havia 30 ou 35 pessoas, não mais do que isso. Entre eles, Roberta, irmã de Roberto. Perceba que criatividade não era atributo de sua mãe.

Obra do destino ou não, Roberta sentou-se ao meu lado na mesa. Tempos depois, descobri que o destino chamava-se dona Jupira, "obreira de destinos matrimoniais".

Conversamos um pouco sobre São Paulo e Brasília. Ela dizia ter vontade de conhecer a nova Capital. Disse-lhe que deveria acompanhar Roberto em uma de suas idas. Ela o acompanhou.

A partir de agora, leitor, pouparei seus olhos. Eu e Roberta nos encontramos em Brasília e em São Paulo por mais três ou quatro vezes. Depois, empeçamos namoro. Em seis meses, estávamos casados. Não estranhe a celeridade. Quando se sabe o que quer, o tempo gasto é menor. Casei-me bem. Ela, igualmente. Via de regra, meu caro, esses sentimentos são recíprocos.

Nietsche tinha razão. Até hoje, converso longas horas com Roberta. Claro, atualmente, nossas conversas são intercaladas com tosses, medicações e chás, mas continuam. E gosto das nossas confabulações.

Se você ainda não se casou, leitor, seguem advertências.

Primeira: case-se com quem possa ser um bom conselheiro.

O motivo é simples. Quem será seu primeiro conselheiro? O seu cônjuge, sempre. Porque ao dormir angustiado, lá estará o cônjuge a observar sua angústia. Não suportando mais guardar dentro de si o anseio, você desabafará. E todo desabafo é seguido de um conselho.

Por isso, não há meio termo em relações. Ou o conselheiro é bom e o aconselhado prospera. Ou o conselheiro é ruim e o aconselhado fracassa. Escolha bem seu primeiro conselheiro.

Mas isso se refere à razão. E não basta casar-se com uma conselheira. É preciso casar-se com uma companheira. E isto tem a ver com o caráter, com a mitigação do egoísmo que habita em cada um de nós. O bom conselho deve ser seguido do bom abraço. Companheirismo, meu prezado, é mais raro que "conselherismo". É mais fácil achar quem goste do falar do que quem aprecie o fazer.

Por fim, é fundamental que haja atração. Não são suficientes a inteligência e a parceria. Mister que exista desejo. Perceba que não me refiro à beleza. O belo é subjetivo. A miss mundo de

João geralmente não coincide com a vencedora de José. Cada cabeça uma sentença. E é bom que seja assim.

Portanto, em relação ao cônjuge, meu amigo, procure três atributos: que seja uma boa conselheira, que seja uma presente companheira e que você se sinta atraído. A presença das três qualidades aumentará a chance de um casamento feliz. Se você não tiver pressa e tiver também os três atributos que procura, você encontrará tal pessoa.

Capítulo 5

APRENDENDO COM OS ERROS DO OUTRO

A nossa vida não é feita apenas dos nossos erros e dos nossos acertos. A "intranscendência" da pena tão prestigiada no direito penal é negligenciada na vida. O pai alcóolatra não destrói apenas seu corpo, mas atinge toda a família. E, em vários momentos da vida, nós não erramos, mas convivemos com quem errou.

Por vezes, somos o outro monge: o monge puritano. Aquele que não errou, que não infringiu as normas, que respeitou o propósito. E do nosso lado presente está quem errou. Às vezes, você é o traído. Você é o aluno que nunca colou, mas que viu o sujeito negligente durante a faculdade inteira passar no primeiro concurso que prestou, e você nada. Às vezes, você é o policial que não aceitou a propina, mas viu o outro, que aceitou, ser promovido. Aqui, o conto nos ensina mais algumas coisas.

Em primeiro lugar, o conto nos ensina sobre o perdão.

Não carregue um peso que não é seu. Se você decidir continuar a caminhada ao lado daquela pessoa que errou um dia, aprenda a perdoar. Shakespeare dirá, em "O mercador de Veneza", que o perdão é dupla benção. Abençoa quem é perdoado, que se sente livre. Abençoa quem perdoa, que se sente melhor. É a leveza de não carregar o erro do outro que nos faz melhores.

Você se lembra de Sônia? O erro de Sônia foi continuar casada sem se perdoar, o que chamamos de ausência de "autoperdão". Já o erro de José, marido de Sônia, foi não perdoar sua esposa. Ambos viveram infelizes por ausência de perdão.

Aqui, concentro-me no perdão do outro, no perdão de José. O equívoco do monge puritano foi carregar sobre as costas o pecado do monge infrator. Isso tornou a vida de quem estava certo errada. Isso fez com que ele não tivesse paz, apesar de não ter deflagrado qualquer guerra aos seus princípios.

O que você tem feito com as pessoas que continuam ao seu lado apesar dos erros que elas cometeram em face da sua pessoa?

Talvez seu pai tenha sido um pai ausente na adolescência e agora esteja tentando uma reaproximação ou uma primeira aproximação. Você pode estar machucado, mas, como não é possível trocar de pai, por que não lhe permitir o reencontro ou o encontro inaugural?

Talvez sua esposa tenha sido ausente durante um bom tempo no casamento, mas tendo ela percebido que a sociedade conjugal morria por inanição, decidiu investir no matrimônio. Você já perdeu um pouco da crença, mas mantém-se casado. Ora, assim sendo, por que não alimentar a fé nessa vida a dois?

No tocante aos estudos, seu colega, que foi aprovado antes de você, pode ter se dedicado muito no último ano e você nem sabe. A realidade, na maioria das vezes, não é o que parece. O péssimo estudante até o quinto ano de faculdade pode ser o adulto aplicado na vida após a graduação. O choque da vida como ela é, a perda de um ente querido ou a dor da dificuldade podem transformar qualquer um. E talvez você nem saiba disso. E, sem saber do que aconteceu, você julga indigna a aprovação prévia de quem você não previa aprovado. A vida perdoou seu colega. Aprenda a perdoar.

Neste ponto, o conto nos ensina a importância do perdão do outro.

Conselho número 25

não carregue o peso do erro do outro nas suas costas.

Mas há mais um ensinamento.

Em segundo lugar, nesta ocasião, o conto lembra-nos de que a vida não é necessariamente justa.

O policial militar que recebeu propina e foi promovido não merecia promoção, mas recebeu. O político que desviou verbas públicas e foi aclamado não merecia eleição, mas foi eleito. A vida não é necessariamente justa. Aqui, prefiro lembrar-me de Darcy Ribeiro. Dizia o professor:

"Fracassei em tudo o que tentei na vida. Tentei alfabetizar as crianças brasileiras, não consegui. Tentei salvar os índios, não consegui. Tentei fazer uma universidade séria e fracassei. Tentei fazer o Brasil desenvolver-se autonomamente e fracassei. Mas os fracassos são minhas vitórias. Eu detestaria estar no lugar de quem me venceu".

Quando você vislumbrar um corrupto vencendo, pergunte a si mesmo se você abriria mão da sua honestidade para vencer. Se a sua resposta for não, o seu fracasso é a sua vitória. Você detestaria estar no lugar de quem o venceu.

Mas a injustiça não se limita ao ilícito. É possível que, dentro dos atributos, exista distribuição desigual e, portanto, de alguma forma injusta. Mas, nestes casos, não há ilicitude.

Pense na beleza. Pense na Princesa Grace de Mônaco. Atualizando a beleza aos mais jovens, pense em Gisele Bündchen. Agora, pense na maioria das mulheres que você conhece. Conclua: não há justiça na distribuição da beleza.

Pense na inteligência. Pense em Isaac Newton. Pense na maçã que levou à lei da gravitação universal. Um sujeito leva uma "maçanzada" na cabeça e descobre a lei da gravidade? Sim. Logo, não há justiça na distribuição da inteligência.

Portanto, quando você encontrar alguém que, em seis meses, chegou ao seu nível de desempenho, sendo que você já estuda há três anos, não carregue uma revolta dentro de si. Isso faz parte da espécie humana. Somos seres iguais, mas diferentes. Eis a nossa riqueza: a diversidade.

Cada um de nós carrega dentro de si atributos distintos. São talentos que cada um de nós tem. Cada um tem seu tempo. Em um ano, João amadurece. Já José precisa de três. Qual dos dois é melhor? Nenhum. Os dois têm tempos diferentes. Coloque José antes do tempo e sofra com a imaturidade. Coloque João depois de anos e sofra com a podridão.

Aceite o seu tempo. Aceite as exigências que a história faz à sua vida. No final das contas, todos os obstáculos, inclusive os temporais, terão lhe feito bem. Não se apresse e não seja retardatário. A beleza está na pontualidade da vida, apesar da aparência de demora.

Conselho número 26

Aceite o tempo que a vida exige de você. No final das contas, todos os obstáculos, inclusive os temporais, terão contribuído para o seu sucesso.

Capítulo 6

QUANDO TUDO FAZ SENTIDO

Cada um de nós tem o seu tempo. **E a vida** é **ligar os pontos.**

Steve Jobs, em um discurso aos formandos de Stanford dirá isto: a vida é **ligar os pontos. Só hoje, você consegue entender o que aconteceu com você ontem. E só amanhã, você entenderá o que acontece com você hoje.**

Às vezes, a sua estrada tem mais rios do que a do seu semelhante. Mas, na maioria das vezes, não. A distribuição de rios é mais ou menos a mesma para todos nós.

Você, meu leitor, poderá me dizer que não. Provavelmente, terá exemplos. Dirá que João, seu contemporâneo na graduação, já tinha família abastada e que nunca soubera o que eram rios na vida financeira. E eu concordarei. Mas a vida não se resume às finanças.

Talvez o rio de João seja em outra área da vida. Talvez o drama do colega seja a desestrutura familiar, a debilidade da saúde, a cobrança pelo destaque nos negócios, já que tudo está a seu favor. Os rios são distintos, leitor, mas os esforços, em essência, são iguais. Todos os rios exigem força. A maioria, lágrimas.

Mas, um dia, um dia, meu caro, entendemos cada um dos rios pelos quais passamos. Um dia, percebemos que a musculatura resistente que desenvolvemos foi só fruto do muito nadar contra a correnteza. Um dia, descobrimos que tudo fez sentido. Em algum momento, chegamos à conclusão de que, se não fosse o primeiro rio, não estaríamos preparados para enfrentar o segundo. Não fosse a pressão do primeiro chefe, não impressionaríamos o seguinte.

Recordo-me de Fausto. O exemplo agora é vivo. Vivíssimo, diga-se de passagem. Fausto é meu sobrinho-neto e era candidato ao concurso da magistratura. Vi Fausto recusar e desmarcar várias viagens em razão de novos exames que surgiam. Fosse um pouco mais dado às superstições, diria que o universo aguardava Fausto agendar uma viagem para publicar um edital. Mas, sendo mais realista, Fausto prestava provas demais, o que exigia viagens de menos.

Certa feita, fora reprovado na segunda fase de um concurso, quando questionado a respeito de teoria proveniente do direito anglo-saxão. Delírio do examinador ou não, a questão estava lá. Não fosse essa pergunta, ele teria sido aprovado. Mas não foi.

O que fez Fausto? Estudou teorias de destaque na atualidade jurídica. Deu atenção a temas que, outrora, passavam despercebidos. Resultado? Na segunda fase seguinte, teve êxito.

Não fosse o devaneio do primeiro examinador, Fausto não seria hoje juiz. A vida é ligar os pontos. Um dia, tudo faz sentido.

Mas tudo faz sentido quando? Quando o meu sacrifício é **pelo que me entusiasma, por aquilo que eu sou, pelo que me liberta, pelo que me completa, por tudo que me realiza.**

A médica Ana Claudia Arantes, que cuida de pacientes terminais, diz que os homens são extremamente parecidos ao final da vida. Ela cuida de pacientes no renomado Albert Einstein e em outro hospital na periferia de São Paulo. A doutora relata que a semelhança independe da classe social. Afortunados e desafortunados são sem "fortuna" ao final da existência. E a pergunta que o homem faz quando a vida vem se despedir é uma só: "por que eu não fui eu mesmo"?

Parece-me que, quando a morte grita, a vida sussurra. Fala a vida em baixa voz aos ouvidos do vivente. Diz apenas o seguinte: "você teve sua chance". Quando a morte pede a palavra, a vida, calada, decide também falar. Mas, agora, Inês é morta.

Ana conta que, duas semanas antes da morte, os pacientes se tornam irresistíveis. Eles liberam toda a vida que estava presa no medo da autenticidade e tornam-se únicos, realmente especiais.

Autenticidade é viver o que se prega. Se João prega o amor, mas não ama sua esposa, então João não é autêntico. Ele finge o amor. Ele simula o amar. É a vida debaixo de um véu, que esconde a vida da vida e a subtrai aos poucos do escondedor.

É o conto judaico do velho rabino que, à beira da morte, conversa com rabino mais jovem. O primeiro está com medo e o segundo lhe questiona o porquê. O rabino senil diz temer uma pergunta de Deus ao encontrá-lo. Ele não teme que o Senhor lhe inquira o motivo de não ter sido Moisés ou a razão de não ter agido como Elias, já que ele não era, efetivamente, Moisés ou Elias. O medo do sacerdote é do seguinte questionamento divino: "por que você não foi você"?

Na máxima bíblica, o senhor se irrita com o servo que escondeu os talentos, e não os explorou. Cada um tem um dom. Cada qual tem seu talento. Cabe ao indivíduo explorar o seu.

Por isso, a necessidade do autoconhecimento. Por isso, o dever da reflexão. Por isso, temos que encontrar nosso talento.

Vejo pessoas apressadas ao nada. Jovens corredores em direção à ausência de direção. Eles não sabem o que querem. Eles não sabem o que fazem. É o suor gasto em vão. É a lágrima desperdiçada. É o distanciamento de si mesmo causado por si mesmo. É o sacrifício sem propósito, a figueira sem figo, a vida sem graça.

Lembro-me de Teotônio, que, após quinze anos de advocacia, chegou à conclusão de que nunca quis advogar. Decidiu ser juiz. Disse-me certa feita que sempre quis a toga, mas que receava o exame.

Ora, o que fez Teotônio? Esforçou-se em sentido diverso ao que queria. Tivesse refletido um pouco mais, teria poupado quinze anos. Como não "desperdiçou" tempo refletindo, desperdiçou tempo fugindo, correndo em direção àquilo que não era.

Mas Teotônio tem um mérito. Palmas para Teotônio! Solte o livro por um minuto, leitor. Aplaudamos Teotônio. Bravo! Você me perguntará qual o êxito do juiz que se escondia atrás da carteira de advogado. O êxito está na coragem de, quinze anos depois, interromper o ciclo de ser quem ele não era e enfrentar o rio que ele sempre evitou. Resultado? Dois anos depois, Teotônio era juiz em Sergipe.

Ah, leitor, não me diga que isso é comum! Não é! A maioria, tendo "perdido" quinze anos, continua no mesmo caminho. É a inércia, é o medo, é o rio. Mas, pense comigo, meu jovem. Se Teotônio perdeu quinze anos, seria inteligente de sua parte perder mais trinta? O fato de se desperdiçar parte da vida justifica o desperdiçar da vida inteira? Onde está a sabedoria de quem age assim? Eu não vislumbro.

Conselho número 27

O desperdício de anos de vida não justifica desperdiçar a vida inteira. Ainda que você tenha se equivocado por muito tempo, é melhor acertar mais tarde, do que persistir no erro.

E você me dirá que o caminho atual, diferente do caminho que você deseja, é mais seguro. Você gritará que, nesta vida, melhor do que não sorrir é não chorar! Anunciará que a falta de amor é mal menor do que a abundância da dor!

Ah, meu pupilo, quanta ingenuidade! Os jovens são ingênuos e apressados em errar. Eis o mal da juventude: é que, não sabendo nada, julga saber tudo. Jovens, jovens...

Desafio você a questionar qualquer pessoa com mais de sessenta anos. Pergunte a ela se, em algum momento da vida, ela sofreu? Pergunte ao sexagenário se, nestas suas seis décadas, a lágrima se fez presente, a dor compareceu e angústia o acometeu? A resposta será, invariavelmente, sim. Tenho certeza.

Mas por que digo isso? Porque mesmo o caminho mais seguro reserva sacrifícios ao caminhante. Toda estrada tem pedras, mesmo as mais bem asfaltadas. Sacrificar-se é inevitável. Sofrer, também.

Por isso a sabedoria está no sacrifício com propósito, na disposição a descer antes de subir, no humilhar-se antes de ser exaltado, sabendo o que se deseja.

Conselho número 28

Mesmo quem opta pelo caminho mais seguro sofre. Não decida sua vida com base no medo de sofrer. Se for para sentir medo, tema o não viver.

Um dia tudo faz sentido, porque a dor de outrora forja quem você é agora. E se quem você é hoje é o que você queria ser, então tudo faz sentido. O seu presente precisa guardar coerência com o que você espera do futuro. Faça as pazes entre os seus pés e o seu peito. Ambos devem estar em sintonia, na mesma direção.

Capítulo 7

O QUE DESEJO A VOCÊ

O que eu desejo a você hoje, meu prezado? Desejo que você descubra o que o entusiasma. Torço para que enfrente todos os rios do caminho, cometendo o mínimo de ilícitos possível e perdoando-se pelos ilícitos cometidos.

Espero que você aceite a vida do outro, em sua individualidade, e que você perdoe o outro, em sua mediocridade.

Faço votos que você possa, durante essa jornada na Terra, viver uma vida que tenha tudo a ver com você e que você não questione a falta de autenticidade ao final da sua existência.

Sacrificar-se é inevitável. Sabemos.

Então, que seja por aquilo que você realmente quer. Por aquilo que você é. Por aquilo que você quer ser. Eis a sabedoria na estrada da vida! Eis o bom caminho!

Capítulo 8

O QUE EU FARIA SE ESTIVESSE COMEÇANDO A VIDA HOJE

Se eu estivesse começando a vida hoje...

Leitor, o que falarei aqui não é o que eu faria se pudesse voltar no tempo. Porque, se voltássemos no tempo, a sociedade seria outra.

A reflexão aqui é distinta. Note, refiro-me à volta de minha idade, apenas da minha idade. Se eu estivesse começando a vida neste século, o que eu faria?

Primeiro, enterraria o maior problema do ser humano: o imediatismo. Fôssemos menos imediatistas, teríamos relacionamentos melhores, trabalhos melhores e vidas melhores.

Conselho número 29

Não seja imediatista. Quem pensa a longo prazo acaba vivendo melhor.

Em segundo lugar, seria um melhor gestor do meu tempo. Dentro da minha agenda, reservaria horários para amigos, trabalho, família, igreja e nada. Isso. Também reservaria um tempo para nada, para um "nadismo" absoluto. O ócio comedido é de uma riqueza imensurável.

Conselho número 30

Preocupe-se em ser um bom gestor do tempo. A vida, em verdade, revela-se no tempo. Quem gere mal seu horário desperdiça parte da vida.

Em terceiro lugar, escolheria uma área de trabalho e me especificaria nela. Hoje, o mundo é diferente de 1916. Prospera não quem sabe de tudo um pouco, mas quem sabe tudo de um pouco, quem é especialista em um determinado nicho.

Conselho número 31

Especialize-se e não fique mudando de área a cada dificuldade.

Em quarto lugar, não teria pressa para encontrar uma pessoa que eu admirasse para me casar.

Apesar das mudanças do tempo, meu jovem leitor, reputo o casamento a melhor forma, mesmo não sendo a única, de se constituir família.

Também não me casaria sem admiração, como fiz no meu primeiro casamento.

E não teria pressa. Não tenha pressa. À minha época, casar-se aos quarenta era negligenciar a história e a importância da vida a dois. Mas, hoje, vivemos mais e vivemos melhor. Casar-me-ia com quem me completasse, sem precipitações. A vida de um casal é muito longa para uma decisão muito rápida.

Conselho número 32

Escolha bem sua companhia de vida. Não tenha pressa.

No mais, lembrar-me-ia da história do velho rei, que chamou seus sábios e pediu-lhes que escrevessem uma frase em sua coroa capaz de deixá-lo feliz e triste ao mesmo tempo. Escreveram: "tudo passa". E tudo passa... Hoje, completo cem anos. Cem anos se passaram...

Conselho número 33

Não se vanglorie nem se desespere. Tudo passa.

Também esta obra passou... Tudo passa...

Capítulo 9

A DESPEDIDA DO MEU AVÔ MIGUEL

Leitor, a quem chamo de primo, dado que a presente obra fez-nos originários do mesmo avô, aparentados pela palavra, gerados pela literatura. Meu nome é Rubens Fernandes Miranda. Fui eu quem redigiu o que nosso avô ditava. Coube a mim fazer perpétua a sua voz.

Mas, hoje, 29 de dezembro de 2016, deixou-nos vô Miguel, conhecido como Doutor Miranda. Vivenciou o avô, nesta data, a democracia da vida, que reserva a eleição de uma morte para cada homem. Partiu e partiu-nos. Deixou nossos corações em pedaços. Choramos por quem merece as lágrimas.

Um dia após concluirmos o livro, ele foi internado. Neste dia, faleceu.

Obviamente, o livro não teria este capítulo. Mas a vida escreve capítulos que nenhum de nós pode prever.

Pensei que você deveria tomar conhecimento.

Um abraço, Rubens.

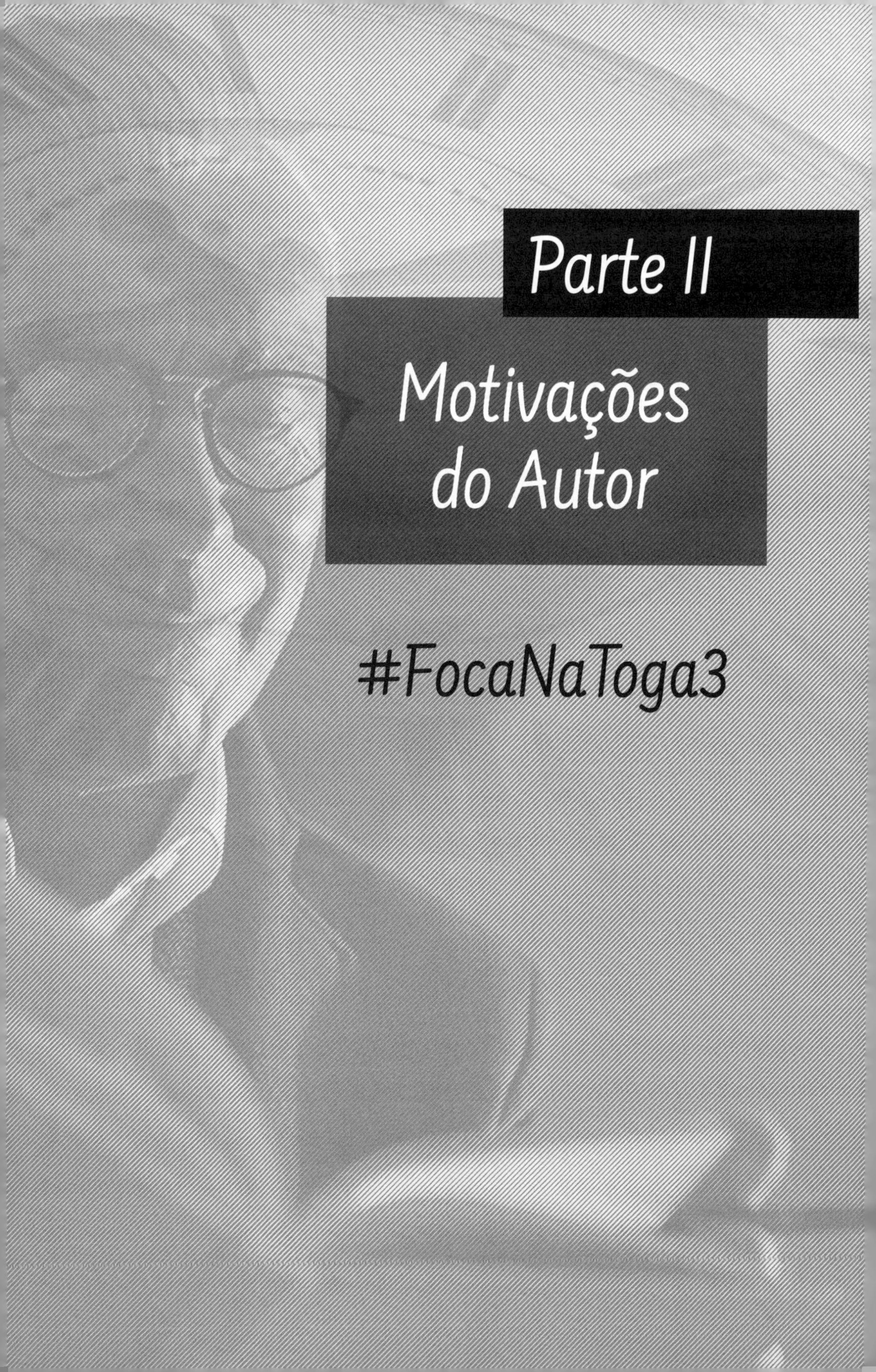

Parte II

Motivações do Autor

#FocaNaToga3

1. O PROBLEMA SOU EU

Do pouco que vivi e vivo, cheguei a uma só conclusão: o problema sou eu. E fui eu... Fui eu que não liguei. Eu que não disse a verdade e eu que aceitei a mentira.

O relacionamento nocivo foi produto do veneno que eu mesmo lancei. Ou que eu mesmo deixei que lançassem. Eu sei... No fundo, eu sei.

O trabalho sufocante, entediante e sem perspectiva? Fui eu que escolhi. E sou eu quem aceita continuar assim. Sou eu que me calo diante da humilhação que eu mesmo me imponho. Sou eu.

Sou eu que não reflito, que desliguei o meu cérebro, que emprestei minha razão. Fiz-me uma máquina. Ajo mecanicamente. Sou eu.

E fui eu. Fui eu que comprei o carro que não consigo ter, viajei para onde não tenho condições de ir e fiz dividas que não posso pagar. E hoje, não durmo, não tenho paz nem palavra. Mas fui eu. Fui eu que tirei o meu sono, que roubei minha paz e que desqualifiquei minha promessa.

Fui eu que elegi o político que me envergonha, que não gastei tempo educando meu igual e que não lhe proporcionei clareza para votar.

Fui eu que não recebi um refugiado, que não doei um real para famílias na Grécia e que não abriguei um órfão. Esse sou eu.

Hoje, eu cansei. Cansei de apontar o indicador ao mundo europeu, ao Congresso Nacional, ao meu chefe, à minha família, enfim, a tudo o que está ao meu redor. Hoje, eu resolvi assumir. O problema sou eu. Quando eu mudar, o mundo muda. "Porque aquilo que o homem semear, isso também ceifará". Mudarei a semente.

2. A COVARDIA

Há muitas definições para covardia. Uma delas é a atitude de agredir quem não pode se defender. E foi isso o que vimos nessa semana.

Observo a imagem da rasteira no sírio. Observo um pouco mais. Reflito. Por que tamanha covardia? Por que derrubar quem já está derrubado? Humilhar pelo simples prazer de humilhar quem traz o filho no peito e, no mesmo peito, carrega a dor da guerra, da falta de casa, da pouca comida e da ausência de tudo que teve um dia?

Reflito. Reflito. Tiro os olhos da repórter. Coloco os olhos em mim. Quantas vezes somos nós os covardes? Quantas vezes agredimos quem não pode se defender?

Sim, somos todos covardes. Somos todos pusilânimes. Quando? Quando destratamos o garçom, quando humilhamos o subordinado, quando não atendemos a ligação de quem precisa de ajuda só por preguiça de ajudar.

O marido é covarde quando "coisifica" a mulher que depende dele financeiramente. O pai é covarde quando lembra o filho de seus 30 anos e de sua não aprovação no concurso. O tio é covarde quando faz perguntas ao sobrinho das quais ele já sabe a resposta, mas insiste em questionar para constrangê-lo.

Sim, somos covardes. Covardes internos também. Quando? Quando não somos sinceros em nossas relações. Quando não assumimos nossos sentimentos. Quando ocultamos os nossos medos por simples medo de sofrer. E, claro, quando brigamos com quem nos ama só por chantagem emocional! Ah, como somos pusilânimes!

Somos covardes quando escolhemos quem tratar bem e quem tratar mal. Somos pusilânimes quando trocamos um coração legítimo por um simulacro de pedra.

Que dó dos "refugiados" da vida que passam por nós! Que pena dos homens sujeitos aos homens! Que falta completa de compaixão! É claro que precisamos mudar.

Que neste domingo reflitamos sobre nossas covardias rotineiras. Que percebamos que nós também fazemos o papel da repórter húngara na vida de alguém. E que nos lembremos do ditado popular, mas não menos verídico: "quem bate esquece. Quem apanha, não". Chega de bater. Chega de agredir. Chega de covardia. Sejamos diferentes, solidários, corajosos! Façamos um bom dia na vida de alguém!

3. QUEREMOS SAUDADE

Desde a pré-história, o homem atribui poderes à imagem. É a imagem, segundo alguns historiadores, que “guarda” a alma do animal morto na caça. Por isso, tantos desenhos de animais na caverna.

A qualidade das imagens que chamaríamos de arte surpreendeu o mundo. E surpreendeu Picasso. É do pintor espanhol a célebre frase “nós não inventamos nada”, dita ao conhecer os desenhos de uma caverna francesa.

Picasso tinha razão. A forma muda. O conteúdo não. Somos sentimentalmente idênticos aos homens pré-históricos. As imagens continuam tendo um poder sobrenatural. O poder da atemporalidade.

É a foto com o uniforme da escola que eterniza a lembrança romântica da infância.

E se, ao ver uma imagem de 20 anos atrás, nascer em você um desejo de voltar no tempo, fique contente! Sinal de que seu passado foi feliz.

Não querer que o tempo passe demonstra que você está bem. Olhar várias vezes para o relógio evidencia que a vida não anda valendo tanto a pena assim.

Não se pode torcer todos os dias para o dia acabar. Isso é querer menos vida.

A ampulheta, no dia em que nascemos, foi virada. E ninguém sabe o tamanho da sua ampulheta. Os dias vão passando e a gente só enxerga o lado de baixo. Parece que essa ampulheta está crescendo, porque estamos ficando mais experientes. Não enxergamos o lado de cima. A parte de cima está se esvaziando. E quando a parte de cima se esvaziar por completo será o fim desta jornada.

Por isso é preciso aproveitar cada segundo. Isso não quer dizer ausência de sacrifício, mas prazer no sacrifício por um propósito. Como? Uma forma é curtindo quem você ama.

Portanto, viva cada "imagem" de carne e osso que você tem a sua frente. Viva antes que ela se torne imagem de papel. E tenha certeza: se você é feliz hoje, a saudade será inevitável amanhã. Assim, sintamos muita saudade. Queremos saudade! Bom dia!

4. A INVEJA

Eu poderia começar este texto falando da inveja do vizinho, do parente, e não da minha. Mas aí está o primeiro atributo da inveja: a vergonha. A inveja é um pecado vergonhoso. Ninguém admite que a sente.

Mas o que é inveja? É entristecer-se pelo sucesso alheio. É a dor de José pela vitória de João, mesmo quando José não foi prejudicado em nada.

Sabemos que a inveja é um dos sete pecados capitais. E é capital porque rende juros, ou seja, é uma transgressão que gera outras transgressões. O invejoso, por inveja, mata, rouba, mente... Acredite, nada mais normal do que sentir inveja. É da natureza humana. Desde Caim e Abel, passando por Marx e chegando aos dias de hoje.

Falo de Marx porque alguns defendem (eu não sei) que o comunismo não nasceu do desejo de ajudar os pobres, mas da inveja dos ricos. Não tendo propriedades, é fácil defender a distribuição dos bens. Mas e se eu ficar rico? Neste dia, por favor, rasguem o manifesto.

Invejar, nas palavras do historiador Leandro Karnal, vem do latim e quer dizer "não ver". O invejoso é um cego interno, que não olha para si, mas somente para o outro. Por isso, o famoso "olho grego". Rebato o olho ruim com outro olho e o mal está aniquilado.

Quanto mais próxima a relação, maior a chance de inveja. Por quê? Porque é maior o elemento comparativo. Ninguém sente inveja do Silvio Santos. Já do parente que se deu bem... Como perceber esse pecado capital? Basta reparar no comportamento do invejoso. Ele procura um defeito no invejado, algo que justifique negativamente o seu sucesso. E ele vai achar. Por quê? Porque o invejoso é incansável. Ele procurará nos mínimos detalhes. E, nos mínimos detalhes, todos nós erramos.

Mas, então, como vencemos a nossa própria inveja? Aprenda. Ela não morre estrangulada. A inveja falece por afogamento. Não adianta tentar abafá-la em nosso peito. É preciso encharcá-la com as águas da admiração, transformando-a em uma cobiça positiva, capaz de ser combustível para as nossas próprias conquistas.

Admirar o nosso próximo, reconhecer suas qualidades e aprender com ele são as formas mais simples de vencer a inveja. Vençamos. O primeiro passo? Começarmos a nos enxergar. Bom dia!

5. ULISSES. VOCÊ. TRÊS LIÇÕES.

Há um quê de Ulisses dentro de nós. Um engano a ser superado. Uma superação dependente do outro.

Narra Homero, em sua *Odisseia*, que Ulisses, ao voltar da guerra de Tróia, quer ouvir o canto das Sereias. Sabedor de que aquele que ouvia o canto lançava-se ao mar e morria, Ulisses tem uma ideia.

Ele manda que os marinheiros o amarrem no mastro da embarcação. E ordena que seja desatado apenas após a passagem pela ilha.

Os marinheiros fazem isso. Tapam seus próprios ouvidos com cera. E deixam Ulisses ouvir.

O texto diz que, enquanto passam próximos a ilha, Ulisses ouve as Sereias e grita desesperadamente para ser desamarrado. Seus homens não o ouvem. Eles passam pela ilha. Ulisses sobrevive.

Lição número um: você pode estar encantado, apaixonado e enganado. Nem todo desejo que você tem é o melhor para você. Nem toda vontade de lançar-se ao mar é vitória. Nem todo canto é canto de vida. Conclusão: é você quem deve dominar sua vontade, e não o contrário.

Lição número dois: às vezes, quem o ama deve fazer exatamente o contrário daquilo que você pede. Você pode gritar, pode se revoltar, pode brigar com os seus. Mas eles estão certos.

Lição número três: escolha bem seus marinheiros. Escolha quem estará no seu barco. Quando você for Ulisses na vida, serão os marinheiros que decidirão se você será lançado ao mar ou se continuará vivo.

Bom dia!

6. CAMINHOS

Você acorda atrasado. Veste qualquer coisa. Escova os dentes enquanto coloca o cinto (famosa tentativa impossível de ganhar tempo). Descarta o supérfluo, ou seja, o chuveiro. Bate um perfume do tipo “oculta cadáver” e sai de casa com uma barra de cereais na mão.

O elevador, pra confirmar a lei de Murphy, não dá sinais de movimento. Nesse instante, começa o duelo entre a impaciência e a preguiça: descer ou não de escadas? O elevador chega. A preguiça comemora e você confere sua situação pós-guerra no espelho.

Chega à garagem. Liga o carro e sai ao som da música da noite anterior (nada a ver com a labuta matinal). O trânsito “sexta-feira 13” aparece e você decide mudar de rota. Vira à esquerda. E, na esquina de cima, uma aposentada dirige calmamente com destino à padaria.

Mais um duelo. Sua educação versus sua vontade de mandar a senhorinha comprar pão na... De repente, um barulho! Um tiro? Fogos de artifício? Uma explosão? Não. Um motoqueiro com espírito de alfaiate, que, “costurando” às 07 da manhã, acaba de levar seu retrovisor. E agora?

Agora, vem aquele pensamento: “se eu tivesse tomado o caminho normal, não teria sofrido o acidente”. Concordo. Mas, lembre-se, você poderia ter sofrido outro.

Caminhos na rua. Caminhos na vida.

Vivemos uma tristeza. Pensamos: como entramos nela? E chegamos a duas conclusões: uma certa e uma errada.

Concluímos, em primeiro lugar, que, se não tivéssemos feito aquilo, não estaríamos vivendo isto. E é verdade. Temos razão.

Concluímos, em segundo lugar, que, se tivéssemos tomado o outro caminho, seriamos mais felizes. E aí está o engano.

Todo caminho tem suas tristezas. Toda estrada tem suas pedras.

Quando você opta por um caminho na vida, você deixa de viver todas as alegrias e todas as tristezas que a outra rota oferece.

O médico não vive a angústia de tirar o filho do pai e o entregar à mãe. E o juiz não sofre a tristeza de ser, tantas vezes, o porta-voz da morte no hospital.

Entenda: por várias vezes, você ficará triste na vida. Isso é humano. O que é preciso?

É preciso ter fé. A fé nos permite enxergar além da frustração. Tenha fé e viva sem medo das tristezas do seu caminho. Bom dia!

7. SHAKESPEARE. A TEMPESTADE. VOCÊ.

Poucas pessoas na história são geniais. Pouquíssimas eu diria. Shakespeare é. Dizem que encontraram traços de maconha em seus cachimbos. Mas aviso aos animados: como diz o historiador Leandro Karnal, fumar maconha não torna você Shakespeare, torna você apenas maconheiro mesmo.

Em sua peça, "A Tempestade", o poeta inicia o drama com um naufrágio. Presentes na embarcação, o Rei e seu filho. Diante da tragédia, Gonzalo, o conselheiro, chega ao contramestre do navio e diz: "lembra-te de quem levas a bordo". E o contramestre responde: "ninguém a quem eu ame mais do que a mim próprio". Acontece em Shakespeare. Acontece na vida. Acontece com você.

A vida tem suas tempestades. Algumas individuais. Outras em grupo. Mas, em todas, há um elemento em comum: a mudança. Você nunca sai o mesmo da tormenta.

Primeiro, porque seu senso de sobrevivência faz com que você tome atitudes inimagináveis. Não se culpe por isso. É instintivo.

Segundo, porque você se concentra no que realmente importa. Separe supérfluo de essencial. Isso implicará trocas, inclusive de valores. Muito provavelmente, de companhias.

Terceiro, porque, na tormenta, você descobre quem é marinheiro e quem só está a passeio no seu barco.

Portanto, aceite a mudança que a tempestade provoca. Seja firme. E aprenda com o contramestre shakespeariano: a tempestade pode significar a "perda" de pessoas que você julgava importantes, mas o mais importante é que você não se perca. Pense nisso.

8. A PALAVRA

A palavra é agulha. Nada mais, nada menos, do que agulha. Explico. Em sua crônica "um apólogo", Machado de Assis descreve uma discussão. Agulha e novelo de linha debatem sobre qual deles é o mais importante.

Pensava eu na crônica machadiana, quando cheguei a uma conclusão: somos nós novelos de linha e as palavras são agulhas.

As palavras nos guiam, nos prendem e nos deixam. Nos tecidos da vida sentimental, profissional ou familiar, são as palavras que nos permitem experimentar o conforto, a aspereza e o aperto dessa roupagem social.

É a palavra dita em momento de ira que fere o parente e rasga a família. E é a palavra não dita em momento de covardia que termina o relacionamento e sangra o peito. É a resposta equivocada que tira o candidato da última fase do concurso e é a palavra de apoio da mãe que faz ele persistir até a aprovação.

Somos todos novelos de linha e, portanto, não há escolha sobre nossa essência. Já as palavras, como agulhas que são, podem ser eleitas. E aí reside a sabedoria, ou a sua falta.

Você pode escolher em qual palavra acreditar. Qual discurso guiará você pelos tecidos da vida? Qual palavra prenderá você aos tecidos da sua existência?

Foi seu irmão que disse que você não tem capacidade ou é seu chefe que não lhe dirige um sorriso? É seu marido que coisifica sua presença ou é sua esposa que faz brotar animosidades dos lábios?

Quer seja palavra de honra, quer de vergonha, fato é que você, como novelo, deve procurar agulhas certas. Por quê? Porque são as palavras que definirão de que tecido você fará parte.

Por fim, em suas palavras, seja transparente, pois transparência é verdade. E, como disse o ministro Carlos Ayres Britto, "a silhueta da verdade só se assenta em vestidos transparentes". Escolha suas agulhas. O resto é consequência. Bom dia!

9. MARGARETH THATCHER. O PROFETA ELIAS. VOCÊ.

"Estar no poder é como ser uma dama. Se tiver que lembrar às pessoas que você é, você não é.» Quem conhece a história da primeira-ministra britânica diz: Thatcher sabia o que é ser uma dama e ter poder (ao mesmo tempo). No caso dela, a "Dama de Ferro". A frase inaugural da Baronesa Thatcher de Kesteven traz um ensinamento básico: se você anda falando demais, você anda fazendo de menos. Em suma, muitas explicações refletem poucos resultados.

Vivemos de resultados. De nada adianta explicarmos que a culpa é da história, do outro, da sorte... O mundo quer respostas, não responsáveis. Sem resultados, suas palavras têm pouco valor.

Foi assim com Thatcher. Foi assim com Elias.

O profeta, em determinado momento de seu ministério, foi escondido por Deus. Escondido e alimentado por corvos. Motivo? Um propósito. Mas, depois de preparado para a missão, ele foi ao povo.

Com o profeta, aprendemos outra lição: há tempo para se esconder e há tempo para se mostrar. Durante a preparação, esconda-se. O sigilo é bem-vindo.

Fundindo Elias com Margaret, concluímos: só é cabível a aparição quando estivermos prontos e, nesse momento, nossas ações dispensarão nossas palavras.

Aos que prestam concurso, um aconselhamento: não rebata a injustiça dos dizeres alheios. A aprovação será sua melhor porta-voz.

Aos que estão em crise, o destaque: não se preocupe com sua situação atual. Preocupe-se em saber duas coisas: como você chegou até esse ponto e como você vai sair daí. Este último pensamento vai ajudá-lo a levantar e o primeiro a não repetir a queda.

Por fim, guarde suas palavras. Isso é carinho consigo mesmo. Um dia, todas as coisas farão sentido. E lembre-se: ser feliz não pede explicação, pede experiência. Experimente. Bom dia!

10. QUANDO TUDO TENDE AO FRACASSO

Jean-Paul Sartre foi filósofo, escritor e professor. Entre suas frases de destaque, ganhou relevo a seguinte: "o importante não é aquilo que fazem de nós, mas o que nós mesmos fazemos do que os outros fizeram de nós." Sartre tinha razão. "Poulou", como era chamado pela família, ficou órfão aos 15 meses. Sem pai, fez-se homem precocemente. Já na infância, escrevia obras literárias e atirava-se sobre a biblioteca do avô.

Os gostos pela leitura e pela escrita criaram um gênio do existencialismo. Tão amante do conhecimento quanto avesso aos prêmios, em 1964, Sartre recusa o Nobel de Literatura. Segundo ele, homens não podem se tornar instituição.

Reprovado na primeira prova de Mestrado em Sorbonne, Sartre tenta novamente. E, na segunda vez, passa em primeiro lugar. Em segundo lugar, estava ninguém menos do que Simone de Beauvoir. Daí, nasceria um romance vitalício e, do ponto de vista literário, sem precedentes. "Castor", como Sartre chamava Beauvoir, tornou-se sua revisora de textos. "Mutatis mutandis", seria colocar Bill Gates para conferir as ideias Steve Jobs.

Em 1940, Sartre é preso pelos alemães. Em 1941, é solto e conhece Albert Camus. Juntos, deram força à filosofia e à política. Tudo bem, anos depois, eles brigaram. Mas, antes disso, o mundo ficou mais inteligente.

Perceba você que Sartre foi a prova viva de sua sentença citada no início do texto. Era órfão, reprovado e preso. Fez-se amante, gênio e libertário.

Em 1980, o órfão Jean-Paul morre no Hospital Brossais, em Paris. Seu funeral é acompanhado por mais de 50.000 pessoas. Sartre é enterrado em Montparnasse, no mesmo túmulo de Simone de Beauvoir.

Por fim, eu não sei se a vida chamou você de solitário, reprovado ou cativo. Eu sei que o que importa é o que você vai fazer com essas palavras. Bom dia!

11. SORTE OU SUOR

Tudo fala. As palavras falam, os olhares falam, os gestos falam. E a forma como ouvimos uma pessoa falar de alguém nos ensina mais sobre o falante do que sobre o falado.

Freud explica. "O homem é dono do que cala e escravo do que fala. Quando Pedro me fala sobre Paulo, sei mais de Pedro que de Paulo." Como você explica o sucesso alheio? Como você narra a vitória do seu semelhante? Seria sorte ou suor? Não se engane, isso explica quem é você.

Há quem diga que Maria venceu por sorte. Modelos da Victoria's Secret nasceram belas. Outros, que o prêmio veio por herança. Um sobrenome explica o sucesso. E outros, ainda, que o triunfo é criminoso. Algo que vimos nessa semana.

Posso concordar, em parte, com os três.

Modelos são belas. Isso é sorte. Mas há mais mulheres belas pelas ruas de São Paulo, do que pelas passarelas de Milão. Conclusão: não basta beleza.

Há anos atrás quem nascesse Matarazzo era rico no Brasil. Hoje, não. Ou seja: herança não garante vida próspera para gerações. Na vida, cada um por si.

Nessa semana, foi preso André Esteves. O gênio das finanças caiu em sua vaidade do Poder. Mas isso faz dele menos inteligente? Não. O problema aqui não é de competência. Talvez seja de caráter. Como ensina Leandro Karnal, "a inteligência não anda de mãos dadas com o caráter. O demônio era o mais astuto dos anjos." Com todos os exemplos acima, chego à conclusão de Sêneca: "a sorte é o encontro da oportunidade com o preparo". Não basta ter oportunidade. É preciso saber aproveitá-la. É preciso suor.

Sem dúvidas, a vida de uma modelo de sucesso não é fácil. Com certeza, o fardo do herdeiro que assume a empresa do pai é gigante. Sobre ele pesam o medo do fracasso e a comparação com o antecessor. Sem titubear, sobre o astuto que ascende, recaem os olhares de desconfiança e o desafio de manter sua obra.

Logo, todos precisamos suar.

Por fim, ao narrarmos a vida de alguém (e isso faremos sempre), sejamos francos. É confortável dizer que José venceu por sorte. Assim, não temos responsabilidade. Mas isso não nos ensina nada. Só aprendemos quando enxergamos suor. Portanto, enxerguemos o suor do outro e tenhamos suor e sorte em nossas vidas. Bom dia!

12. A REALIDADE

Dos grandes dramas da atualidade, destaca-se um causado por nós mesmos a nós mesmos. O nome deste pesar? Negação da realidade.

Vivemos em um mundo com dois extremos de humanos. Uns, temendo as circunstâncias, vendam os olhos. Outros, tremendo às circunstâncias, usam lupas. Uns, ignoram os problemas. Outros, impulsionam os dilemas. Ambos demonstram fraqueza.

A vida apresenta tribulações. É histórico. É bíblico. É real.

O fraco por omissão tapa os olhos e finge não ouvir a cavalaria que se aproxima. É o caso do pai que, vendo o filho usar drogas, falseia estar tudo bem. Quem simula a sanidade retarda o remédio e permite o alastramento da doença. O desgastante processo de tratamento traz cura. A suavidade da ignorância transporta a morte. É preciso decidir o caminho. Descer sempre será mais fácil do que subir.

O fraco por exagero toma caminho inverso. Histérico, ele grita ao mundo a circunstância, lança-se à cova da vitimização e responsabiliza todos pelo provável fracasso.

Sabendo que a guerra é grande, o covarde faz-se desertor de si mesmo, torna-se um "sonhicida", mostra-se um desequilibrado.

Conclusão? Nem um, nem outro.

E o que devemos fazer? Em primeiro lugar, devemos abrir os olhos, jogar fora as lupas e não deturpar a realidade. É hora de encarar os fatos. A partir daí, precisamos ser otimistas, formular planos factíveis e enfrentar as guerras com sabedoria.

Na vida, todos querem o prêmio. Mas o prêmio demanda tempo e o tempo premia os sábios. E não nos enganemos: sábios são sempre pessoas realistas. Sejamos assim. Bom dia!

13. CARTA DE DEZEMBRO DE 2035

"Prezado,

Eu sou você. Ou melhor, eu não sou você, apesar de ser. Explico. É que, nesses 20 anos, mudei tanto que nem eu me reconheceria. Mas essa é uma boa notícia. Sinal de que a gente não parou de crescer.

Escrevo essa carta com conselhos sobre a vida. Ou melhor, sobre a sua/nossa/minha vida. Siga cada um deles.

Nos próximos 20 anos, ame. Ame sua família. Na Terra, eles são as pessoas mais parecidas com você. Provavelmente, são loucos. E, provavelmente, isso é genética.

Entregue-se. Entregue-se à sua/minha esposa. Seja fiel a ela. Cumplicidade é imensurável. E uma história de vida vale muito mais do que várias histórias vazias.

Trabalhe. Trabalhe muito. Na sua juventude, trabalhe aos finais de semana. Em quase todos. Mas nunca deixe de refletir e de planejar. Assim como qualquer empresa, faça "balanços" das áreas da sua vida e desenvolva novos projetos.

Gaste menos do que você ganha. Sempre. Sempre. Sempre. Escreva isto na mente: a vaidade precisa conduzi-lo para frente, e não para trás.

Creia em Deus. Sempre. Muita coisa vai mudar. A palavra Dele não. Muita gente vai distorcer o que está escrito. Mas lembre-se dos dois pilares: amar a Deus sobre todas as coisas e ao próximo como a si mesmo. Qualquer coisa que viole isso é maléfica.

Busque conhecimento. Não me refiro a diplomas. Busque sabedoria, e não certificados. Uma sabedoria capaz de lhe dar poder de discernimento entre o bom e o ruim.

Aprenda novos idiomas. Os que você fala hoje podem parecer suficientes. Mas não são. Acredite em mim: risadas em uma mesa com italianos gritando não têm preço.

Nunca pare de crescer. O desafio traz uma força vital. Sem ele, estamos apenas esperando a morte.

Nunca tente matar sua essência. Você tem talentos. Preocupe-se em aprimorá-los.

Fale pouco sobre os seus sonhos. Dificilmente, alguém vai estimulá-lo. As pessoas querem os resultados. Os sonhos, guarde-os para você.

Quando ouvir aplausos, atente-se: eles são fruto de muito suor. Se um dia você parar de suar, os aplausos também pararão.

Por fim, para chegar bem ao mundo de 2035, carregue três mandamentos: seja simples, seja ousado e seja rápido.

Um abraço,

Você."

Inspirado em Geração de Valor

14. BRÁS CUBAS. FABIANO. VOCÊ.

Evitamos a dor. Buscamos o prazer. Mas, como que por ironia, a vida dá vinho aos que perseguem vinagre e vinagre aos amantes de Dionísio.

Isso porque olvidamos uma modalidade de dor inolvidável: a dor criadora.

Esquecemos que um pesar que antecede um prazer torna o prazer maior do que é.

São as botas de Brás Cubas que, incomodando os pés o dia todo, propiciam o gozo do mergulhar dos dedos em água quente.

É a fome de Fabiano que faz do preá na boca da cadela um banquete em "Vidas Secas", de Graciliano Ramos.

E esse pesar, que é dor criadora, gera o prazer, que é criatura. Em síntese, é a mãe Dor dando à luz o filho Prazer, e morrendo no parto.

Se você anda sofrendo nos dias de hoje, antes de questionar a justiça da sua aflição, questione a finalidade da sua dor.

Veja a que prazer sua dor o conduz. E se não conduz a crescimento algum, saiba: é sacrifício inócuo. É, a *contrario sensu* de Caetano, um desrespeito às suas lágrimas.

Entenda. O problema não está em chorar. Nunca esteve. Mas reside no desperdício do pranto. É água que desce dos olhos e rega coração estéril. É perda de vida e de tempo.

Portanto, seja fértil ante os problemas da vida. Por quê? Porque isso é ir além do trivial.

E, como disse Fernando Pessoa, "quem quer passar além do Bojador tem que passar além da dor". Passe com aprendizado. Isso não muda o presente. Mas, com certeza, muda o futuro. Seja maior que a sua dor. Bom dia!

15. SAM WALTON E O QUE FAZER NO ANO QUE VEM

Final de ano chegando, você de saco cheio dos papeizinhos com as metas para o ano que vem e encontra o vizinho com aquele novo "papo de elevador". É, neste ano, inauguramos um novo "papo de elevador". Nada de clima, de chuva, de violência. Agora, o tema universal é a crise. Nunca se falou tanto dela.

E para não perder nosso último papo do ano, falando em crise, eu lhe apresento Sam Walton, o fundador do Walmart (agora você entende o nome Sam's Club e WAL-Mart).

Aí alguém pensa: "lá vem aquela história de empresário de sucesso, que venceu dificuldades e blá, blá, blá". Se pensou assim, sinal de sucessofobia... Mas o que eu quero lhe dizer é o que Walton fez na crise.

Durante uma das mais graves turbulências dos EUA, os jornalistas queriam uma palavra de Sam. E eis a resposta: "Temos ouvido falar em crise. Fiz uma reunião com minha diretoria e tomamos uma decisão: não vamos participar". E aí? E aí, que eles não participaram. Resultado? 1,7 milhão de funcionários atualmente.

Com Sam Walton aprendo duas coisas diante da crise. A primeira é a necessidade de se fazer uma reunião. Analisar a situação com franqueza, mas sem fraqueza. A segunda é a importância de ser otimista na guerra.

Pessoas, hoje, adotam a filosofia do pensamento positivo. Funciona mais ou menos assim: Maria come um *petit gateau*, mas mentaliza uma barriga tanquinho. Pronto. Ela jura que tem 8 por cento de gordura no corpo.

Só que pensamento positivo é só a segunda parte da atitude vitoriosa. Primeiro, vem a reunião.

Se sua empresa se chama "minha vida", reúna-se consigo mesmo imediatamente. Encare sua situação atual. O que falta? Quais os riscos? E quais as chances? Diante desses dados, assim como Walton, tenha coragem para decidir.

Decidiu? Agora entra o otimismo! O pensamento positivo vai ajudá-lo a não sucumbir na adversidade. Por quê? Porque você terá convicção do acerto do seu veredicto. O otimista não prepara o próprio funeral

Por fim, o próximo ano, assim como todos os anos, passará. Mas que você possa chegar ao final dele, resumindo sua postura em três palavras: sabedoria, otimismo e coragem. Muita coragem. Ah, e sobre a crise? Por favor, não participe. Bom dia!

16. SHAKESPEARE NELES

Comece o ano com Shakespeare. Em 2016, completamos 400 anos sem o poeta. Mas com suas poesias. E, 400 anos depois, a vida continua exigindo Shakespeare.

Motivo? Em essência, os fatos são os mesmos e os sentimentos também.

Neste ano, com certeza, coisas inexplicáveis acontecerão na sua vida. Sempre acontecem. E aí? E aí, que "há mais mistérios entre o céu e a terra do que a vã filosofia dos homens pode imaginar".

Talvez em meados de junho, você viva uma dor. Talvez. Você tentará evitar. Mas e se a dor for inevitável? "Devemos aceitar o que é impossível deixar de acontecer". Só que, em julho, supere, porque "lamentar uma dor passada, no presente, é criar outra dor e sofrer novamente".

Alguns poderão até estranhar essa sua capacidade de superação. Essa sua força para pular de novo no ringue, depois da surra. Mas qual o nome disso mesmo? É paixão. E "a paixão aumenta em função dos obstáculos que se lhe opõe".

Durante os próximos 360 dias, mantenha o equilíbrio. Adote comportamentos sustentáveis. Essa é a nova/velha regra da vida. "Até mesmo a bondade, se em demasia, morre do próprio excesso".

E aceite: em alguns momentos, você se sentirá entediado. Fato. O trabalho parecerá uma chatice. Claro. Só que entenda: "se o ano todo fosse de feriados, o lazer, como o trabalho, entediaria". E caso fique em dúvida sobre arriscar ou não, arrisque. Planeje primeiro, mas, depois, arrisque. "Ninguém poderá jamais aperfeiçoar-se, se não tiver o mundo como mestre. A experiência se adquire na prática".

Por fim, busque ser grande. E "ser grande, é abraçar uma grande causa". Neste ano, abrace sua grande causa. E se todos os fatos lhe disserem o contrário? Shakespeare neles! Bom dia!

17. LUIZ

Este é o Luiz. Você deve estar pensando: "eu conheço esse cara de algum lugar".

Conhece. Calma. Já, já você se lembra.

Há 10 anos atrás, o Luiz podia (não pode mais) ser definido como uma pessoa inconstante, confusa, sem visão.

A história dele, em resumo, é a seguinte: fez direito, mas não exerceu; foi vereador, mas renunciou; foi madeireiro na Amazônia, mas voltou (ele é do Paraná). Na Amazônia, Luiz ficou por 15 anos, na cidade de Machadinho do Oeste. Tamanho? 3 mil habitantes (na época). Restaurantes? Nenhum. Resultado? Contraiu malária 3 vezes e teve que aprender a cozinhar sozinho.

Depois de tudo isso, voltou para Curitiba. Em 2005, resolveu montar um restaurante com o que tinha aprendido no norte. Melhorou. Inventou um tal de hambúrguer na brasa. Pensou no nome do local. E, para homenagear a vida de madeireiro, chamou-o de Madero (agora, você já sabe quem ele é). Luiz Renato Durski Junior é o fundador do Madero, hoje com 63 unidades. E a história dele nos ensina 3 coisas.

Primeira: consciente ou inconscientemente, estamos sendo preparados pela vida. E devemos ser bons alunos. Gente faminta por conhecimento come do melhor desta Terra. Cada situação é uma oportunidade de aprendizado. Estejamos atentos. Aprendamos com as "malárias" que a vida nos impõe.

Segunda: quando a vida não lhe dá restaurantes, ela lhe dá a oportunidade de se tornar um Chef. Em outras palavras, se você não tem uma empresa para herdar, faça a sua. Se não tem um escritório de advocacia, monte o seu. Se não tem um carro, vá de ônibus. Mas não deixe de chegar ao seu destino. Em síntese, é Sartre mandando você descascar o abacaxi que lhe enviaram.

Terceira: não se condene pelo gosto de mudança, de crescimento e do extraordinário. Em um dia, você quer ser jornalista no Iraque e, no outro, médico do Albert Einstein. Problema? Nenhum. Se você sente isso, é porque tem mais a contribuir com a sociedade do que contribui. E, se você estiver disposto a aprender, uma hora a virada vem.

Por fim, que, daqui para frente, você esteja faminto por conhecimento, atento ao que a vida lhe ensina e corajoso para mudar quantas vezes for preciso.

Durski, um exemplo. Você também pode ser um.

18. O SEU PAPEL E O PAPEL DE DEUS

Vivemos papéis invertidos. Eu sei, parece impossível. Mas, na peça chamada vida, em um instante de engano, usurpamos mentalmente um trono. E supomos que o Rei, agora, é servo.

Queremos vitórias. Maravilha! João quer um emprego. José, a aprovação no vestibular. E Carla, perder peso.

Todos fazem suas preces, o que é bom. Todos têm certeza de sua vitória, o que é fé. Todos se sentem deuses, o que é ilusão. Só que ninguém percebe isso.

Em nome de uma suposta fé, pessoas esperam Deus fazer o trabalho, enquanto elas aguardam, ao final, Ele lhes dar toda honra e toda glória. Mas não seria o inverso?

Se você tem fé, presumo que creia que Deus lhe deu força, inteligência e capacidade. Use-as. Caso contrário, para quê mesmo o Divino lhe daria esses atributos?

Salomão, em provérbios, manda você semear de manhã e de tarde, já que não sabe qual das sementes prosperará. Isso é falta de fé? Não, isso é falta de preguiça mesmo. E sobra de prudência.

Conscientes ou não, foram isso que fizeram Ariano Suassuna, Antônio Ermírio de Moraes e Jorge Paulo Lemann. Gente que abomina a preguiça.

Se você quer um trabalho, qualifique-se e bata em várias portas. Você não sabe qual vai se abrir. Se quer passar em um concurso, estude e preste em vários lugares. Não dependa de apenas uma carta. Se deseja emagrecer, mude a alimentação e faça exercícios regularmente. As duas condutas somadas são fundamentais. Em outras palavras, faça a sua parte.

Por fim, o livro de Deuteronômio ensina que, quando vencer, não deve o homem dizer que venceu pela força do seu braço, mas pela força que o Senhor colocou em seu braço. E isso se chama coerência e humildade. Até porque o sucesso não muda ninguém, apenas mostra o ser que estava escondido nos tempos difíceis. Bom dia! Vença com fé.

19. GRAU DE INVESTIMENTO

Estávamos bêbados. Ou melhor, o Brasil estava "'no grau". Em meio a uma festa de crescimento, de crédito e de destaque (éramos a "menina dos olhos" do mundo), nos embriagamos. E nos esquecemos de problemas sérios que tínhamos (e temos): infraestrutura, educação, necessidade de pensar o país para os próximos 35 anos...

E antes que você pense no porquê dos 35, explico. Os tigres asiáticos fizeram isto: 7 metas de 5 anos cada. Pensaram na vida dos seus filhos. E eles vêm implementando.

A festa, aqui, acabou. Nada de créditos servidos na bandeja. Os bancos aumentaram os juros. Bebidas? Amargas e sem álcool para um empresariado mágico, que faz malabarismo no cotidiano. Perdemos o "grau". E, em uma tentativa de curar-nos dessa ressaca, o governo (médico) prescreve o mesmo remédio de sempre: um novo tributo (CPMF). Sinal de que não aprendemos a lição de novo...

Mas tirando os olhos, por um momento, do Estado (se isso for possível) e colocando os olhos em nós, será que não fazemos o mesmo?

O que você faz quando as coisas vão bem? Quando você, que ganhava 5 mil, passa a ganhar 10, qual o seu comportamento? Você "dobra" o padrão de vida ou dobra a aplicação? Será que a conduta do governo não é apenas a maximização de uma cultura arraigada em cada um de nós?

Quando seu filho passa de ano com recuperação, você ainda emite os mesmos bilhetes para a Disney ou muda o roteiro para um local mais simples, já que ele não se comprometeu o suficiente? No primeiro caso, a mensagem que você passa é: faça o que fizer, você sempre terá o melhor. No segundo: sem comprometimento, sua vida não vai ter o mesmo resultado.

Nesses últimos 13 meses, tomamos um banho. Um banho de realidade. Choramos a perda de empregos, a desvalorização do real e o encolhimento da economia. E agora? Agora, precisamos lutar pela recuperação do "grau". Para isso, vamos ter que mudar. Mudar, principalmente, de mentalidade. Se o governo vai fazer isso, eu não sei. Mas, independentemente do que ele decidir, eu já tomei a minha decisão: eu serei "grau de investimento". E você? Bom dia.

20. O FUNDAMENTAL. O ESSENCIAL. E O CONCURSO PÚBLICO

Fundamental e essencial não são a mesma coisa. Há uma diferença. Perceba. Fundamental nada mais é do que caminho. Essencial é chegada. O primeiro, como o próprio nome diz, é fundamento, base, apoio. O segundo é a essência que se alcança através daquele fundamento. Explico.

João quer ter amigos. Amizade é essencial. Mas, para fazer amigos, ele começa a sair, a frequentar outros lugares, a ver mais pessoas. Por quê? Porque ter um círculo social é fundamental para fazer amizades.

Acompanho pessoas que prestam concursos. Percebo uma confusão. Carlos sente-se vocacionado à magistratura, Maria ao ministério público e José à defensoria. A profissão é essencial. Mas, para ser juiz, promotor ou defensor, eles precisam passar nos respectivos concursos. Isso é fundamental. Só que muita gente inverte.

Em busca de uma estabilidade, pessoas procuram editais para a profissão "concursado". Mas "concursado" não é profissão. E estabilidade é utopia.

Antes que você atire em mim a primeira pedra, reflita. Os vencimentos de um servidor público ficam congelados por 5 anos (sendo otimista). Considerando uma inflação média de 8 por cento ao ano, em 5 anos, o poder aquisitivo dele cai 40%. Isso é estabilidade? Tudo bem, ele não é "mandado embora". Mas a cada ano que passa, ele ganha menos. E o que parece muito interessante hoje pode não ser amanhã.

Então, por que prestar concurso público? Porque é fundamental para exercer a profissão que deseja. Se não for esse o motivo, você está confundindo fundamental com essencial.

Neste dia, reflita se você não tem feito isso nessa e em outras áreas da sua vida. Veja se não está confundindo ter um "grande círculo social" (fundamento) com ter amigos (essência), almoço com a família (fundamento) com comunhão em família (essência), fazer uma oração (fundamento) com ter fé (essência).

Por fim, a vida pede mais do que o fundamental. Ela pede o essencial. E o essencial para você só você pode saber. Bom dia!

21. A OSTRA

Rubem Alves. 146 obras. Algumas publicadas em 12 países. Teólogo. Pianista profissional. Mestre em teologia. Doutor em filosofia. Professor. Psicanalista.

Perseguido (pela ditadura). Desempregado (quando já Doutor). Pianista não renomado. Teólogo não consagrado. Um "vivenciador" de angústias do cotidiano (assim como nós).

O primeiro parágrafo do texto descreve a pérola. O segundo, a "coceira" geradora da preciosidade.

Seguindo o título de uma de suas mais importantes obras, Rubem Alves vai dizer: "ostra feliz não produz pérola". É na angústia, no sofrimento, no desafio que o homem cresce.

Mas nós queremos os dois: queremos produzir preciosidades sem sacrifício. Queremos o Oscar e traçamos um roteiro de vida medíocre. Prestigiamos o Louvre e ignoramos o MASP. Por quê? Porque é mais fácil ir ao melhor do que tornar o nosso o melhor. É mais fácil "pegar" a vida pronta, feita por outro alguém, do que construir uma história.

O que defendo (como sempre defendi) é a coerência entre propósitos internos e propósitos externos. Não dá para querer passar em medicina na USP e estudar 2 horas por dia. Não se constrói uma grande empresa trabalhando de terça a quinta ou meio período. Não é possível ser sem sofrer.

Por isso, defendo as metas. Elas tornam claros seus propósitos internos. Aí, você consegue avaliar honestamente se caminha na direção do que deseja ou não.

É verdade que não sou fã do seguro. Prefiro o genuíno desejo intenso que habita a mente. Pode dar errado o plano. Mas o fato de existir um plano torna as chances de êxito maiores. E eu tenho fé.

E se der errado?

Um dia, um aluno abordou o professor Rubem e lhe perguntou como ele havia chegado àquela posição. A resposta: "eu cheguei aonde cheguei, porque tudo o que planejei deu errado". Acredite: ter "dado errado" ontem foi a melhor coisa para sua vida. Você é livre. Um cara muito sortudo e não sabe. Um "Rubem Alves" sem perceber.

Suas pérolas estão em você, sendo produzidas a cada incerteza do futuro.

Rubem Alves, um exemplo. Você também será um.

22. APAIXONE-SE E ESCOLHA A PAIXÃO

"O coração tem razões que a própria razão desconhece". Blaise Pascal.

Pense. Se o ser humano dorme 8 horas por dia, restam-lhe 16. Em uma visão machadiana, a cada 24 horas, o homem "morre" 8 e vive as demais, já que "dormir é modo interino de morrer". Isso quer dizer que 50% do seu tempo de "vida" é no trabalho. E pergunto: dá para ser 50% do tempo da vida infeliz?

Se você não sabe o que quer, não se preocupe. Isso é normal. Mas se você sabe o que não quer e continua no trabalho, preocupe-se. Isso, apesar de comum, não é normal. Não é a norma que seu coração traçou para sua vida.

Há um desejo dentro de você, uma paixão em potencial que respira por aparelhos, um amor silenciado pelo medo de fracassar. Há uma semente não regada.

Em um arroubo de ousadia, permita que esse desejo cresça. Dê alimento a essa paixão infante. Deixe o amor honesto (e não há amor desonesto) ganhar corpo.

Depois, sua decisão ficará muito mais simples de ser tomada.

Pois, se os meus olhos querem Julieta, eu desconheço Rosalina. E se a loucura, preconceituosamente chamada de exceção, é a regra, chamem-me de louco. Por quê? Porque a sanidade fria aborrece o coração. E eu escolhi "coracionar". A cada desafio da vida, resolvi dar-lhe uma inspiração, deixar-lhe um suor gentil e ofertar-lhe meu coração. Eu escolhi "coracionar". Por quê? Porque o homem há de querer os seus 50% de vida de volta. Não se vive apenas após as 18. Requer-se amor no labor. E perdoem-me os gramáticos de plantão, mas a violação fonética é proposital. É que amor rima com labor. Mas labor também rima com dor. E eu prefiro a primeira construção.

Quero um amor integral.

Se você não é realizado profissionalmente, saiba: há prosperidade de sentimentos reservados ao seu viver. Há uma "vida" das 8 às 18 que o aguarda.

Para isso, você precisa de um trabalho que lhe cause alguma taquicardia positiva. Busque insistentemente. Mas busque insistentemente no peito. Você encontrará. Depois, trace um plano. É a sua vida inteira de volta.

E quando tudo fizer "sentimento", mesmo que não faça sentido algum, suspire, olhe para o espelho e repita: "o coração tem razões que a própria razão desconhece". Vivamos o dia inteiro.

23. OU CÉSAR OU JOÃO FERNANDES

Há um momento na vida em que é preciso decidir. Quem é você? Em sua família, no seu trabalho, nos seus projetos, você é César ou João Fernandes?

A expressão cunhada por Machado de Assis em "Esaú e Jacó" faz referência a "tudo ou nada". Ou o império (César) ou a mediocridade de um "João-ninguém", a quem o escritor chama de João Fernandes.

Há pessoas dos dois tipos. E há algo pior: pessoas com vestes de César e espírito de João. Gente que vive de aparência. Estes são aqueles que o barão de Itararé chama de "gente tambor", muito barulho mas vazia por dentro. Não é isso que queremos.

Queremos césares. Queremos quem cresce no momento da decisão. Gente que assume a responsabilidade. Seres que exalam suor de conquista.

A família está em briga? Sim, é verdade. Mas só até "César" chegar e promover a vitória do perdão sobre o orgulho. César é conciliador. João nunca interfere. Segundo a voz da mediocridade, é melhor não intervir.

A empresa está em crise? Sim, é possível. Mas só até o espírito de liderança de um imperador se manifestar. Ele há de motivar a equipe, cortar custos, buscar novos fornecedores. E João? João mudará de empresa.

Só que os medíocres não percebem que são rios. E que césares são mares. E todo rio deságua necessariamente ao mar. João sempre vai ser conduzido por alguém que decidiu ser César. Não é filosofia. É história.

Depois, cada medíocre há de explicar seu fracasso pela escassez de oportunidades. Claro! Como dizem os franceses, "*on ne prête qu'aux riches*", ou em bom português: "só se empresta aos ricos". Oportunidades são dadas aos que tem cara de vencedor.

Se você quer ser um deles, decida ser mar. Suporte tudo que isso significa. Mas, pelo menos hoje, olhe para a sua vida e diga: "ou César ou João Fernandes". Bom dia!

24. JOSÉ VILMAR

Você não conhece este homem. Quem ele é? Ele é a prova de que Ruy Barbosa estava certo: "se querer é poder, querer é vencer". José Vilmar Ferreira é mais um daqueles nordestinos ousados e tímidos. Gente de muito fazer e pouco falar. A pobreza dele era tamanha, que seu jantar era meio ovo. A outra metade era destinada a um de seus 12 irmãos.

Nascido no interior do Ceará, a história de Vilmar nos traz lições.

Aos 15 anos, ele trabalhava na roça com o pai, quando foi golpeado na perna. O pai, desesperado com o sangue que escorria, fez um torniquete e um juramento: nunca mais Vilmar trabalharia ali. 1ª lição: feridas servem para mudar a nossa vida.

Vilmar começa a vender ovos, carnes, cereais. Mas decide se mudar para a capital. Era hora de sonhos mais altos... 2ª lição: tubarão não nada em aquário.

Em Fortaleza, depois de um tempo, ele monta uma mercearia e começa a prosperar. Lembra-se da pobreza da família e traz todos para a capital. Nome disto? Caráter. Sua origem faz parte de você.

O negócio vira uma distribuidora de bebida. O pai, religioso, recomenda ao filho que mude de ramo. O filho decide mudar. Agora, ele vai vender aço.

Capital inicial? 50 mil dólares. Mas a Gerdau não abria novos clientes no Ceará. O que ele fez? Foi ao Recife. Sentou-se em frente ao supervisor da empresa e só saiu de lá quando aceitaram o novo distribuidor. 3ª lição: quem define o que você faz é você, e não a "Gerdau". A distribuidora de aço cresce. Vilmar é Midas? Não. Ele é trabalhador mesmo. E gosta de calculadora. Quem acorda às 05 da manhã para subir sobe. E quem faz contas evita a queda.

Um dia, a Gerdau resolve fechar as portas para Vilmar. Ele estava grande demais. E agora? O fim? Claro que não. Agora, ele passa a trazer aço da Argentina e, em seguida, monta sua própria siderúrgica. 4ª lição: sempre há uma saída.

Resultado? Em 2014, o Grupo Aço Cearense faturou 2,6 bilhões de reais.

Vilmar poderia dizer que nasceu no sertão, sem oportunidade de estudar, com fome... Que tinha a família para sustentar, que foi podado, que... Mas lembre-se: ele nunca foi de falar. Ele sempre foi de fazer.

Vilmar Ferreira é um exemplo. Você também pode ser um. Bom dia!

25. APRENDIZ DE *MUCHO*. MAESTRO DE NADA.

Aprendemos algo rapidamente. E rapidamente queremos parar. Passamos no concurso e aposentamos o livro. Terminamos a faculdade e penduramos o diploma. Fazemos residência médica e brigamos de morte com os congressos. Somos empresários sem nunca ir a um evento de empreendedorismo.

Outro dia escrevi sobre Vilmar Ferreira, fundador do Grupo Aço Cearense. Vilmar foi convidado a palestrar pela Endeavor. Quando chegou lá, na plateia estava Jorge Paulo Lemann. O que é o homem mais rico do Brasil, da América do Sul e da Suíça (ele tem dupla nacionalidade) tinha para aprender com Vilmar? Lemann e sua fortuna pessoal de 100 bilhões de reais poderiam não admitir a aula. Mas o verdadeiro mestre é "aprendiz de *mucho*, maestro de nada". Humildade é sempre um sinal de sabedoria.

O provérbio chileno que empresta título ao texto exige uma mudança de comportamento. Uma alteração simples de verbos, ou melhor, dos verbos ser e estar. Mesmo que você seja um grande profissional, não seja "professor", mas esteja. Isto quer dizer: ainda que você tenha que ensinar, ensine sem nunca perder a oportunidade de aprender. Esteja professor e seja aluno. Sempre.

Uma empresa deixa de falir porque o funcionário da faxina percebe um desperdício grande de material. Como a sala do dono é aberta e ele está disposto a ouvir, o humilde homem lhe conta sua percepção. E ele tem razão. O que o dono faz? Muda a rotina da empresa e salva os empregos. Por quê? Porque ele foi aprendiz. Isso, o presidente da empresa foi aprendiz do faxineiro. "Aprendiz de *mucho*, maestro de nada".

No seu cotidiano, aprenda com tudo e com todos. Reflita por que certas pessoas fazem o que fazem e dão certo. Tenha fome de conhecimento. E, nas ocasiões em que ninguém vê qualquer oportunidade de se nutrir, você verá. Pois, como ensina outro provérbio chileno, "*a pan de quince días, hambre de tres semanas*". A fome fará daquela situação um bom alimento. Seja faminto por aprender e você verá o que ninguém vê. Isso é ser visionário. Isso é ser aprendiz. Esse pode ser você. Que diferença faz ser assim? Pergunte a Jorge Paulo Lemann. Bom dia.

26. A QUEDA DA BASTILHA EM MIM

Acordo. Trabalho. Durmo. Às vezes, não durmo. Vou para cama com o trabalho. E nós, juntos, somos insônia. Por quê? Porque cama cheia de preocupações e vazia de paz é leito de aflição.

Impus-me um castigo. Há um impostor que habita em mim. Uma falsa nobreza, que requer meu suor. Um gosto pelo luxo e pelo ser visto em luxo que suga minha paz. Engano-me. Ostentação é poder dormir. O que pensam sobre mim não muda o meu leito. Talvez mude o meu peito, que se infla. Cheio por fora. Vazio por dentro. Nada mais.

Há um tirano em minha mente. Um rei absolutista, que cobra meus sonhos como imposto. E diz que eu não sou capaz. É o Rei Medo, que é soberano em meu íntimo e faz festas às custas dos meus projetos mais ousados. Ele prega que ser grande é para os outros. Para mim? Qualquer mediocridade...

E, por fim, há um clero hipócrita em meu seio. Uma religiosidade torta, que, em vez de anunciar o amor, anuncia a fogueira. Uma inquisição. Uma dificuldade de me perdoar e de perdoar o outro. Um xerife espiritual, pronto a perseguir qualquer prazer. Como se prazer e pecado fossem sinônimos. Quando sinônimos são hipocrisia e infelicidade. Chega de vã religiosidade. É preciso pregar o amor. No meu caso, o amor cristão.

Mas hoje caiu a bastilha. É o início da "revolução francesa" em mim. Cairão o Rei Medo, a Nobreza Falsa e o Clero Hipócrita. Liberdade, igualdade e fraternidade serão meu lema. A vida será poema. Muito mais essência. Muito sonho grande e louco. Porque louco mesmo é sonhar pouco. Quem crê em Deus já fez a sua religação. E, se Ele pode tudo, podemos tudo nEle. Eis aí o amor. Eis aí a verdadeira lição: a vida na Terra é só uma. Sejamos livres de tudo e presos só ao coração. Bom dia!

27. MULHER?

Mulher é uma contradição. É a fragilidade de um corpo capaz de sustentar uma família. É a racionalidade de um conselho inundado de emoção. É a doçura de um olhar que constrange quem erra e consola quem deseja acertar.

Mas há homens covardes. Corrijo, há "pseudo-homens" covardes. Pois quem faz jus ao substantivo masculino singular não é capaz de ofender quem lhe dá amor. Há homens que, a despeito de não terem encontrado Dalila, agem como Sansão e derrubam os pilares do prédio em que se encontram, provocando, além da sua morte, a morte dos que ali se abrigam. Há quem destrua o seu lar, o seu relacionamento e a sua própria vida, por uma simples troca: a troca do sujeito pelo predicado.

Mas quem deu o direito a alguém de fazer de outrem seu predicado? Ora, eu uso o meu carro, mas eu não uso minha mulher. Em verdade, eu sequer a amo. Por quê? Porque o verbo amar só se conjuga na primeira pessoa do plural: nós nos amamos. O amor está na pluralidade que é una, no conjunto de pessoas que decidem ser uma só.

Portanto, quem agride sua companheira, na realidade, se agride, se destrói, se apequena. O agressor confessa sua insegurança. Pois só o inseguro é capaz de rebaixar sua companheira para que ambos passem a ter o mesmo nível, a mesma posição.

No entanto, é bom que deixemos dois lembretes: um ao covarde e outro à mulher.

Covardes em vigília, atenção! Saibam que o país amadureceu, inclusive em suas leis. Tenham a certeza de que a cada tapa que vocês derem em suas companheiras, o Estado lhes dará outro. E, acreditem, o "tapa" estatal é mais forte, muito mais forte. Por quê? Porque ele vem em forma de prisão. Se a inteligência (ou a falta dela) não os impedir de ofender, que o medo das mãos do Estado os impeça!

Mulher, ó mulher, sorria! Você é a razão. Não digo que sem você não haveria mundo. Mas, mesmo que houvesse, não haveria progresso. Pois, parte do progresso é você quem traz. E a outra parte é o homem, que progride, mas só porque quer impressioná-la.

Portanto, saiba, mulher, que quando você não é o meio, você é o fim. Quanto ao começo, ele será sempre seu.

28. PAULO DE TARSO E OS NOSSOS CAMINHOS.

Mestre, fariseu, poliglota. Cidadão romano, educado por Gamaliel, conhecedor e cumpridor da lei. Este é Saulo.

Mas um dia... Um dia, enquanto ele seguia seu caminho, o Caminho o encontrou. E a Luz que possuía voz o inquiriu: "por que me persegues?" Saulo devolveu a pergunta: "quem és tu?" E a Luz lhe respondeu: "Eu sou Jesus". Era a Vida em essência buscando a essência da vida de Saulo. Era a Luz que, cegando os olhos do corpo, curava os olhos da alma. Era o divisor de águas, que, no caminho, mudou o caminhar de Saulo. E a transformação da identidade exigiu nova identificação. Por isso, Paulo. Mas Paulo de onde? Paulo de Tarso.

Um dia, em nossas vidas, os títulos não valem nada. Idiomas são inúteis. E fortunas são só fortunas, que construímos e que deixamos para outras gerações.

Um dia, entendemos o grande ensinamento de Cristo no encontro com Paulo: não importa de onde você vem, importa para onde você vai. Não importam seus erros do passado, importam seus acertos do futuro. Ainda há muitas pessoas precisando de você. No meio do caminho, é possível corrigir a rota.

Neste dia, reflita. Para onde você está indo? Qual o futuro deste seu relacionamento familiar? Qual o destino desta sua relação com os livros? Qual o fim deste seu compromisso com Deus? Aonde você vai chegar levando a vida assim?

Se as respostas forem tristes, fique alegre: hoje é páscoa. É dia de corrigir rotas. É dia de festa. Hoje, Cristo venceu o mundo. Faça como Cristo. Vença o mundo. Como? Da mesma forma: salvando vidas através da sua. Mude caminhos. Mude destinos. Mude. Feliz páscoa! Feliz nova vida em Cristo Jesus!

29. OUVIR

Ouvir é sublime. E a história não nos deixa mentir. Foi por ouvir o conselho do servo que Naamã foi curado da lepra. E foi por não ouvir o conselho dos sábios que Roboão dividiu o reino.

Ouvir é resgate. E a vida não nos deixa enganar. É, ouvindo as angústias do filho, que a mãe o poupa das drogas. E é, não ouvindo as angústias da mulher, que o marido sacrifica o casamento.

Ouvir. Isso. Ouvir.

Temos falado muito. Temos ouvido pouco. Sentenciamos sonhos alheios à morte sem deixarmos o sonhador falar. Dizemos que João não vencerá, quando sequer conhecemos João. E por quê? Porque a vitória alheia explicita a derrota própria. É a prosperidade do outro a régua que mede a miséria nossa. E isso nos causa dor.

Por isso, gosto dos livros. Porque, quando leio, calo eu e fala Machado de Assis, ensina-me Shakespeare, encanta-me Pessoa. Portanto, ouvir é ensino. É ensino do outro na nossa vida.

E talvez seja exatamente isso o que nos falta. Falta-nos ouvir. Falta-nos a compreensão do outro, da situação de fato e das oportunidades implícitas. A vida traz enormes oportunidades ocultas em cada frase do cotidiano.

Que, nesta semana, você seja ouvinte. E que você tenha a serenidade necessária para aproveitar cada recado do destino. O "destino", com este seu novo comportamento, irá surpreendê-lo. Permita-se a surpresa. Permita-se a evolução. Bom dia!

30. SOFRER POR ANTECIPAÇÃO

Somos escravos do que pensamos. Nas palavras do psiquiatra Augusto Cury, conquistamos a liberdade em tudo, menos no local em que realmente deveríamos ser livres: nos pensamentos.

Quando não temos problemas, os criamos. Quando temos problemas, os maximizamos. E aí, sofremos. Sofremos por antecipação, por insegurança, pela perda daquilo que ainda não temos.

Somos a geração dos "emocionalmente debilitados". Qualquer coisa nos tira do sério. Alguém nos dá uma "fechada" no trânsito e temos vontade de descer do carro e bater no motorista, no passageiro e no responsável do DETRAN que lhe deu a carteira.

E esse desequilíbrio, somado ao medo do por vir, causa em nós um sofrimento. O sofrimento por antecipação.

Precisamos, urgentemente, combater esse mal. Mas como? Não é simples, eu sei. Temos que começar a controlar a direção dos nossos pensamentos.

Se você estiver sofrendo por algo, pergunte-se: por quê? O que eu posso fazer para mudar? O que eu posso fazer para evitar? E, principalmente, o que eu não posso fazer? Precisamos trabalhar dentro das nossas possibilidades.

Não podemos viver ameaçados por aquilo que não controlamos. Cury sintetiza com perfeição: “a vida é um grande contrato de risco, cujas principais cláusulas não estão definidas”. Não há nada definido na sua vida. Você não tem o controle do externo. Nunca teve. Nunca terá. Portanto, seja um pouco mais sábio: controle o interno. Busque o equilíbrio e não sofra por aquilo que você não pode mudar. Seja simplesmente feliz. Por qual motivo? Parece piegas, mas pelo singelo motivo de que esse contrato de risco, chamado sua vida, ainda não chegou ao final. Bom dia!

31. PICASSO MANDA RECADO

"Meu pai era pintor. Quando eu era muito, mas muito, criança mesmo, ele me fazia terminar seus quadros. Aos oito anos, pintei minha primeira obra (*O Toureiro*). Aos 15, tive meu primeiro ateliê. Você deve estar pensando: 'que sorte, esse cara se encontrou tão rápido!'. Verdade, ainda criança, encontrei-me pela primeira vez. Mas mudamos muito... Quantas vezes você já se encontrou em um lugar, um trabalho, uma relação e, depois de um tempo, não se encontrou mais? Parecia perfeito. E era... O que mudou? Nada. A pergunta é outra: quem mudou? No caso, você.

Durante minha vida, mudei várias vezes. E cada mudança exigiu de mim uma nova busca, um novo encontro comigo mesmo, um novo eu.

Um dia, a Espanha não me coube mais. Então, fui à Paris. Fui e me apaixonei. Senti-me parisiense por vocação. Fiz de Montparnasse minha casa, dos franceses meus amigos, de Olga minha esposa.

Talvez sua cidade não esteja mais cabendo você. Não se iluda: a cidade não vai mudar. Se você tiver realmente mudado e não estiver satisfeito, deixo o conselho: mude-se. Faça as malas e encare essa viagem em busca do seu novo ser.

As formas em si não tem graça. Eu mesmo fui cubista. Geometricamente, decompunha o ambiente. Mas umas das minhas obras mais famosas, Guernica, ganhou relevância porque as formas decompostas mostravam a decomposição da sociedade em guerra. O que aprendi? As formas devem ter conteúdo.

Na sua vida, faça isso também. Se for preciso, mude as formas. As formas de vestir, de falar, de comer, de estudar, de tratar as pessoas... Mas mude em busca de conteúdo. Deve haver algo por trás dessa máscara oval que vestimos todos os dias. Gente sem conteúdo não dá... Aos 87, tive um surto de inspiração e fiz 347 gravuras. Aos 90, fui o primeiro artista vivo homenageado no Louvre. Qual a lição? A vida só acaba quando termina. Nunca é tarde para produzir mais de você.

Aos 91, morri. Deixei um legado. Como? Sendo eu a vida inteira. Um conselho? Deixe um legado, explorando quem você é. Como disse, certa vez, nascemos artistas, o difícil é continuarmos artistas a vida inteira. Continue. Bom dia!"

32. MIGUEL KRIGSNER

Os pais, judeus, fugiram da guerra. Eram eles contra Hitler. Foram à La Paz, Bolívia. Depois à Curitiba, Paraná. Eram eles contra a pobreza.

Aos 11, Miguel carregava roupas e ajudava o pai a vendê-las na Capital. Quem via o menino com tecidos na mão desconhecia o que trazia no peito. No peito, o desejo de vencer e honrar seu povo.

1ª lição: você não conhece dores e sonhos alheios. Cada um carrega um passado por trás do presente que você vê.

Quem via o menino mascate não dava futuro ao moleque. Algum trabalho braçal, talvez.

Mas o judeu foi à faculdade. Cursou farmácia. Desejaram que fosse profissional liberal. Ele desejou empreender.

2ª lição: só você conhece exatamente o seu sonho. Ninguém mais.

Com 3 mil reais emprestados, Miguel montou a farmácia. Parecia impossível. Mas o farmacêutico era o dono. E dono dá o sangue. Ele deu sangue, suor e sinapses.

3ª lição: quem não está disposto ao sacrifício, vai ter que aceitar a mediocridade.

Um dia, procurando frascos para vender perfumes, Miguel encontrou a oportunidade: Senor Abravanel, ou Silvio Santos, havia desistido de montar uma fábrica e vendia 80 mil frascos de vidro. O judeu do Paraná, sem condições, quis pagar em 12 vezes. O judeu paulista aceitou. Negócio fechado.

4ª lição: oportunidades aparecem para quem as procura.

5ª lição: suas condições não impedem você de ser ousado.

Dizem que não se dá asa às cobras. Mas Silvio deu. E Miguel voou. Bem alto. Passou a fazer perfumes. Abriu uma loja no aeroporto. Depois, outra. Depois outras 3.800. Quem era o dono mesmo? Um farmacêutico, ou melhor, um boticário. O nome da loja não poderia ser outro: O Boticário.

Hoje, o Grupo é dono de O Boticário, Eudora, *quem disse, berenice?* e The Beauty Box. Em 2014, Miguel foi apontado como bilionário pela Revista Forbes, com 2,7 bi de dólares. A primeira parte do sonho, vencer na vida, estava feita. Faltava a outra.

Então, Miguel fundou o Museu do Holocausto, em memória a judeus mortos pelo nazismo.

6ª lição: nunca se esqueça de onde você veio. Família é começo e final de tudo nesta Terra.

Por fim, Sartre: não importa o que o mundo fez com você. Importa o que você faz com o que o mundo fez com você.

33. NÃO TÃO BELA, DESEMPREGADA E SEM LAR

Um dia, o trem se atrasou. Ela queria ir de Manchester a King's Cross. Mas a vida... a vida queria levá-la mais longe.

Entediada, Joanne, bacharel em Línguas, decidiu escrever. Em verdade, como ela relata, vinha escrevendo continuamente desde os 6 anos.

Enquanto esperava o trem, podia rabiscar mentalmente versos, crônicas, talvez um livro... Mas Joanne, que quando criança decidiu estudar para compensar a beleza da irmã, foi além. Naquele dia, resolveu escrever uma série. E demorou 5 anos para montar o enredo de cada livro e começar o primeiro.

Lições?

1ª: consciente ou inconscientemente, você tem sido preparado desde a infância.

2ª: se lhe falta uma característica, talvez até física, não pergunte "por quê?", mas pergunte "para quê?". Talvez seu legado dependa disso, desse seu gosto por compensar a falta.

3ª: grandes feitos demandam tempo. Se não houver o teste do tempo, falta relevância ao projeto.

4ª: apenas quem pensa grande tem chance de fazer coisas grandiosas.

Era comum encontrar Joanne em cafés. Com uma mão, ela escrevia e com a outra, balançava a filha no carrinho. Mas aí veio a tempestade. Seu casamento fracassou e ela, vítima de violência, estava desempregada com uma filha de colo. O mundo desabara.

5ª lição: tempestades fazem parte da vida.

Mas, segundo a escritora, quando isso ocorreu ela percebeu duas coisas: uma, que ainda estava viva e outra, que agora estava livre. Joanne continuou.

Terminou o primeiro livro 17 anos após a ideia. Conseguiu publicá-lo. Escreveu outros seis. E vendeu... vendeu 450 milhões de cópias. Casou-se de novo. Foi a primeira pessoa do mundo, segundo a Forbes, a tornar-se bilionária escrevendo livros. Em 2006, considerada a 2ª mulher mais rica do mundo, atrás apenas de Oprah e à frente de Elizabeth II.

Joanne Rowling, a menina feinha, a mulher desempregada, a vítima de violência, a sem presente e sem futuro, deu a volta por cima. A autora da série Harry Potter calou o mundo, que, em silêncio, leu suas obras.

6ª lição: se você for maior do que sua tempestade, em um momento você vai vencê-la. E "a glória da última casa será maior do que a da primeira".

J. K. Rowling, um exemplo. Você também pode ser um.

34. BRASÍLIA, 06 DE MAIO DE 2016

Sexta-feira, 22 horas. Sobre a cidade ensaiam frios. Sobre minha mente, pensamentos. Talvez chova... na Capital e em mim.

Da vista do 17° andar, vejo o eixo monumental. Há uma sensação de mundo em meu ser.

Penso. Pessoa tinha razão: "Não sou nada. Nunca serei nada. Não posso querer ser nada. À parte isso, tenho em mim todos os sonhos do mundo". Verdade. Qual o nome disso? Consciência... E a consciência de mundo é fábrica. Produz-nos humildes e livres.

Lamento a arrogância e os arrogantes. João empresta a vaidade ao carro. Reduz-se a um veículo. Maria faz do diploma um degrau. Um degrau que a afasta dos que não têm. Uma elitização da cultura que, pasmem, priva Maria da cultura popular, tão sábia. Reduz-se à ignorância.

João e Maria estão presos ao que conquistaram. Possuídos pelos bens que juram possuir. E se são privados disso? Sofrem pela perda como se perdessem o que são, e não o que têm. Mas, então, a dor é falsa? Sim, mas é também dor verdadeira. De novo, Pessoa com a razão:

O poeta é um fingidor.
Finge tão completamente
Que chega a fingir que é dor
A dor que deveras sente.

Temos sofrido mais pelo que não temos do que pelo que não somos. Corrijamos esse erro. Evitemos a perda do que somos e sejamos maiores do que o que temos!

Entenda: se você não é nada, você pode ser tudo. Tudo o que quiser. Isso é ser livre. Humilde e livre. O mundo será sempre maior! Tal dado não importa. Importa que ele seja melhor. Melhor com você por aqui.

Ser livre. Liberdade é... Liberdade é amar. Ser livre para fazer o que se ama e estar com quem se ama. E, quando isso ocorrer, será difícil explicar ao mundo o motivo. Mas não se preocupe. Não tente explicar. Por quê? Pessoa traduz:

O amor, quando se revela,
Não se sabe revelar.
Sabe bem olhar pra ela,
Mas não lhe sabe falar.
Quem quer dizer o que sente
Não sabe o que há de dizer.
Fala: parece que mente...
Cala: parece esquecer...

Esqueça. Esqueça o que o mundo lhe diz. Seja nada e, assim, seja tudo. Pleno. Plenamente humilde e livre. Livre e feliz. Você pode.

35. JORGE MOLL

Você passaria por esse senhor de 70 anos sem notá-lo. Avesso aos holofotes, inimigo da ostentação, adepto de um estilo de vida discreto, Jorge Moll Filho não fala. Ele deixa os fatos falarem.

1ª lição: os resultados são sempre melhores oradores. Não conte seus planos. Deixe que a conquista anuncie o projeto.

Ser médico é bom. Especializar-se cardiologista, ótimo. Controlar um grupo de clínicas aos 49 anos, maravilhoso. A maioria de nós pararia no segundo degrau. Talvez todos os que leem esse texto se aposentassem no terceiro. E Jorge, o que diz? Nada. Lembre-se: ele não comenta. Ele faz. Aos 49 anos, Jorge Moll Filho deu a maior cartada da vida.

2ª lição: o que a maioria chama de teto, o verdadeiro líder chama de degrau. Por quê? Porque, enquanto houver disposição, deve haver desafio. Não faça parte da maioria.

Um hotel antigo em Copacabana e uma ideia nova na cabeça: transformá-lo em hospital para a elite carioca. Por quê? Porque um terço dos pacientes do Albert Einstein, em São Paulo, vinha da ponte aérea. E o Rio demandava.

O que ele fez? Ele fez. Faltava-lhe capital. E aí? E aí, ele fez com a ajuda de Jacob Barata. Mas ele fez.

3ª lição: é mais importante ter visão do que ter dinheiro. Quem tem visão ganha dinheiro. Quem tem dinheiro, sem ter visão, perde até o dinheiro que tem.

4ª lição: ideias só têm valor quando executadas. Antes disso, não valem mais do que 30 minutos de mesa de bar. Execute.

5ª lição: quem quer faz.

O que pouca gente sabe, e a revista *Exame* informa, é que, quando Jorge decidiu investir em hospitais, ele foi conhecer a clínica Mayo, nos Estados Unidos, referência mundial no setor. Anotou compulsivamente tudo o que queria copiar.

6ª lição: o conhecimento determina a vitória. É bíblico: "o meu povo se perde por falta de conhecimento". Não se perca. Busque conhecimento.

Em 2010, a Rede D'Or já era o maior grupo de hospitais independentes do país. Em 2016, Moll apareceu como o 10º homem mais rico do Brasil, com 12 bilhões de reais. Mas ele não deu entrevistas. Os resultados falaram por si. Voltamos à primeira lição. Bom dia!

36. MARIA SILVIA, WALDIR MARANHÃO E VOCÊ.

Lucio Sêneca, filósofo de Roma, definiu sorte. "Sorte é o encontro da oportunidade com o preparo". Maria Silvia e Waldir Maranhão experimentaram Sêneca. E viram que o filósofo tinha razão.

Uma decisão do STF afastou Eduardo Cunha da presidência da Câmara. Eis o tesouro de Maranhão. Um descuido de Temer exigiu uma mulher na presidência do BNDES. Eis a benção de Maria. Mas essa é só a primeira parte da máxima. Ambos tiveram oportunidade. Era necessário preparo.

Maria é boa em matemática. Maranhão, péssimo em português. Pelo menos, em semântica. Bastou assumir a Câmara Baixa, para o deputado confundir o significado de "Baixa" e promover a baixaria. Anulou o processo de impeachment de manhã. Razão? Teria havido um vício. Mas, pasmem, o processo passou por uma "clínica de reabilitação de viciados" pela tarde e, pela noite, Waldir revogou sua própria decisão.

Depois disso, Maranhão tornou-se insustentável. Faltou-lhe oportunidade? Não. Faltou-lhe preparo mesmo, o que, na acepção de Sêneca, resulta em falta de sorte.

Maria pode ser definida como uma mulher de apelidos. Por onde passa, ela ganha um. Primeiro, passou pela FGV, onde a chamaram de Mestre e, em seguida, de Doutora. Quando passou pela presidência da CSN, foi apelidada de "a dama de aço", graças à sua postura de liderança. Antes disso, havia sido secretária municipal da fazenda do Rio de Janeiro, e adivinhem o vocativo: "a mulher de 1 bilhão de dólares", montante que amealhou aos cofres da cidade nos últimos meses no cargo. Em síntese, Maria Silvia Marques, a conselheira da Souza Cruz e do Pão de Açúcar, é preparada. Voltamos a Sêneca: preparo mais oportunidade igual a sorte. Ela é, filosoficamente, uma mulher de sorte.

O que aprendemos com eles? Que não precisamos nos preocupar tanto em buscar oportunidades. Durante a vida, elas surgirão, ainda que involuntariamente, como no caso dos dois. Precisamos nos preocupar com o preparo, com a busca de conhecimento, com o desenvolvimento de um autêntico espírito de liderança. Assim, quando a oportunidade surgir, não nos faltará a tão desejada sorte.

Enfim, é preciso decidir se queremos ser Waldir ou Maria. Apelidos não faltarão. Boa "sorte"!

37. A RAZÃO É ESCRAVA DAS PAIXÕES

João é homem solteiro. Relaciona-se com mulher casada. Questionado sobre a moral, responde não ser o autor do pacto. Se há erro, ela é que o comete. Depois, João é noivo. Mensalmente, aventura-se. Perguntado sobre o pacto, justifica: uma coisa é o casamento, outra é o noivado. Por enquanto, não há padre nem lei. Só que mais tarde, João se casa. Esporadicamente, viaja só. Ultrapassados os limites do município, ficam sem efeito a Bíblia e o Código Civil. Inquirido sobre a traição, João disserta: é apenas físico. Emocionalmente, ele é fiel.

João é escravo de suas paixões. Mas sempre constrói justificativas.

David Hume, filósofo britânico, dirá que, invariavelmente, a razão é subordinada à emoção. Desejamos algo e, em seguida, elaboramos uma justificativa para concretizá-lo.

Quem planeja ser juiz, por exemplo, desejou, antes de tudo, a toga. E o desejo fez brotar o plano. Mas, se o anseio é pouco, outros desejos, como a cama, a família e o computador, ganham a guerra. A mente construirá justificativas para o desejo vencedor.

Por isso, a importância da motivação. Se meu desejo é intenso, apresentem-me qualquer outro, e eu o ignorarei. Por isso, casais devem cuidar do corpo e da mente. Não o fazendo, fomentam a busca de corpos ou cérebros alheios. No ápice da paixão, Gisele é ignorada. Mas, se a paixão arrefece, brota o desejo. Talvez nem haja desvios. Mas não por amor, e sim por medo, que é outro sentimento. Mais uma vez, o sentimento guia a razão.

Perceba: o medo é combustível. É talvez o medo do diabetes que lhe impulsiona a comer melhor, e não o desejo de vida saudável. Quem sabe, a aflição da pobreza seja seu despertador, e não o romance do cargo.

E qual o problema? O problema é que o medo, com o tempo, diminui. E aí, você deixa de empreender esforços ou de evitar o ilícito. Falta paixão. Sobram justificativas... Além disso, ninguém quer o medo como mola ou como freio.

Sugestão? Permita-se o desejo que produz progresso. Leia e assista ao que lhe faz bem. Tenha, consequentemente, entusiasmo (palavra grega que quer dizer "Deus em nós"). A razão continuará guiada pela emoção. É verdade. Então, emocione-se positivamente. Bom dia!

38. SOBRE VOCÊ...

Talvez, há 6 meses, você tenha decidido concretizar um projeto. Talvez antes disso. Um, dois, cinco anos.

Eu digo: decidido. Decidir pressupõe poder. Poder de decisão. E decidir implica mudança. Mudança de comportamento, de mentalidade... Mudança de pessoa. É, mudança de pessoa. Do dia em que você decidiu até hoje, você não é mais a mesma pessoa. Concorda?

Agora, olhe para o lado. Veja grandes edificações. Atente-se para a complexidade das vias. Reflita sobre o poder de empresas. E perceba como são impactantes. Pois é... Sabe quem as fez? Pessoas. Tudo isso foi feito por pessoas.

E o que isso tem a ver com você?

Tem a ver que, quando você decidiu implementar este projeto, a pessoa que você era não tinha condições de concretizá-lo. Era preciso ser outrem. Por isso, querendo ou não, você tem se tornado outro. Por isso, a mudança. Por isso, quem você é tem muito mais a ver com seu projeto do que quem você era. Houve uma sofisticação. A mais bela sofisticação que se pode experimentar. A sofisticação do pensamento.

Há quem se vista bem. Quem frequente restaurantes Guia Michelin. Gente que entende a função de cada um dos vários garfos, facas e pratos sobrepostos. E isso também é sofisticação. Mas nada, nada, se compara à sofisticação da maneira de pensar.

Você que gosta de conversas sobre o mundo, que tem queda por poemas, que procura “gente de verdade”. Você que sabe o que é acordar cedo na segunda, dormir tarde na mesma segunda e colocar a casa em ordem no sábado. Você que arregaça a manga, que arregaça a cara, que arregaça a porta... até ela abrir.

E talvez isso explique a perda do sentido de certas companhias. É que sua nova pessoa não combina com grupos de lamentação. Falta-lhe interesse em conversas destinadas a denegrir o outro, a condenar o passado e a invejar o vizinho.

E quer saber? Você está de parabéns. É que, agora, você faz parte de um raro grupo. O grupo de pessoas que decidiu decidir. Gente que ama um projeto ousado. Sujeitos suspeitos de um atentado à mediocridade. Terroristas da acomodação. Quer um conselho? Continue assim. Essa sua nova pessoa tem muito mais graça. Muito mais vida. É muito mais “sofisticada”. Mais uma vez, parabéns!

39. O BRASIL DE HOJE

Chuveiro ligado com água estupidamente quente há 45 minutos. Ambientalistas de plantão simulam choques anafiláticos. Dermatologistas afoitos anunciam a tragédia da pele. Você, ignorando as ciências ambiental e médica, gasta metade do shampoo ao som de Jorge e Mateus.

Fim de chuveiro. Você coloca uma camisa azul da Ralph Lauren (comprada no *outlet*). Peessedebistas se identificam. Olha para o espelho. Manda beijos. Abre a geladeira, e nada. No caminho para o trabalho, compra um pão francês com mortadela. Veganos e nutricionistas se desesperam. Petistas se identificam. Você só mata a fome.

Quando chega ao trabalho, dá aquela conferida no Instagram e leva um susto: o inimigo da nação hoje é você. Isso. Você. Ativistas cercam seu escritório, protestando contra a falta de consciência ambiental. A Sociedade Brasileira de Dermatologia acaba de soltar nota, condenando sua agressão ao próprio corpo. Veganos postam, sem parar, fotos de vacas, chamando-o de assassino. Nutricionistas convidados por Ana Maria Braga explicam os efeitos nocivos do carboidrato branco. Petistas e Peessedebistas trocam acusações.

Bem-vindo ao Brasil de hoje!

Perdemos o limite. E o texto de hoje é um convite ao retorno. Um retorno ao respeito.

Você é livre. Faça o que quiser. Tome banho a cada 15 dias. Não use sabonete. Adote uma dieta "*low carb*". Seja membro do PSP ("Partido dos Sem Pecado"). Durma pelado na Antártida. Passe o natal em Meca. Mas respeite quem decidiu seguir o roteiro. Gente que toma banho sempre, que come rodízio às sextas e que pega um cinema aos domingos. Aceite quem não conversa sobre política e quem joga PSDB, PT e PQP no mesmo saco.

Debata, mas não bata. Procure a essência, mas não tenha a indecência de se julgar melhor.

A maturidade emocional passa necessariamente pelo respeito da diferença. Passa pelo respeito do outro, tanto no momento em que se é maioria, quanto naquele em que se é minoria. Sejamos maduros, serenos. Assim, consequentemente, construiremos uma vida melhor. Se daqui a 30 anos nossos filhos estiverem discutindo sobre como acabar com a cultura da corrupção, do estupro e da intolerância, é porque nós falhamos. Portanto, não falhemos. Bom dia!

40. SEJA CAMALEÃO

"Camaleão", do grego, significa "leão da terra", *Chamai* (na terra, no chão) e *leon* (leão). Mas há mais atributos de realeza do que a etimologia sugere.

O camaleão se movimenta com lentidão. E isso parece desvantagem. Parece. O objetivo é não ser notado antes do ataque. Para apanhar a presa, utiliza a língua que é rápida e tem a ponta grudenta.

1ª lição: o que parece ser sua maior fraqueza pode ser seu melhor atributo. Tudo é uma questão de saber usar suas armas.

2ª lição: ser rápido não é sinônimo de ser sábio. A sabedoria está muitas vezes em não ser notado antes alcançar sua meta.

Os olhos do camaleão podem ser movidos independentemente. Ao avistar a presa, ele a fixa com um olho e utiliza o outro para verificar se não há predadores por ali.

3ª lição: antes de se expor, verifique quem está por perto. Há quem esteja só esperando você aparecer para golpeá-lo. Espere quem pode prejudicá-lo baixar a guarda.

"À medida que se aproxima da presa, o camaleão fixa nela ambos os olhos para poder fazer pontaria".

4ª lição: na hora da execução, foque completamente. Agora, é vencer ou vencer. Não perca tempo com aquilo que não é importante.

A pele do nosso lagarto possui queratina. Muita queratina. E isso lhe dá resistência. Só que essa característica exige do camaleão fazer a "muda" de pele durante seu crescimento.

5ª lição: seja resistente. Mas entenda: renovar-se é fundamental para crescer. Quem não se renova não cresce.

Algumas espécies de camaleão são capazes de alterar sua coloração de pele.

Camaleões apresentam cores mais escuras quando irritados, ou na tentativa de assustar os outros. Os machos mostram padrões multicoloridos quando cortejam as fêmeas. Ainda, há a alteração da coloração para fins de camuflagem.

6ª lição: dance conforme a música. Na mesa do bar, ninguém quer saber sua tese de doutorado. Então se dispa da roupa de intelectual e deixe sua pele com as cores da simpatia.

Por fim, na Amazônia, encontrar um camaleão indica boa sorte, e matá-lo traz mal agouro. Portanto, encontre o camaleão que existe em você e não mate suas habilidades de discrição, prudência, foco, renovação e adaptabilidade. Um conselho? Seja camaleão.

41. O PERFUME. O REINO UNIDO. E VOCÊ.

Uma mistura de óleos, água e álcool. Uma mistura. E ela cai bem em casas, quartos e camas. Cai. Mas cai bem mesmo em pessoas.

A mistura em si não tem valor. O que tem valor é o aroma que ela produz. É do casamento de óleos, água e álcool que nascem os filhos aromáticos de Chanel, Dior e Prada.

Mas, nesta semana, o Reino Unido decidiu não ser mais perfume. Refutou a mistura. Pediu o divórcio.

Extremistas louvaram a "pureza" da decisão. Mas se esqueceram de que só há fragrância na mistura. Ignoraram a riqueza do encontro. E isolam-se de um mundo cada vez menor.

Tirando o Reino Unido de cena e colocando outro "reino" no palco, vamos falar da sua vida. Isso. Do reino chamado sua vida.

Como você tem cuidado das suas alianças?

Você é o filho que investe tempo com seus pais ou você cruza os limites da sala e se isola no quarto? Você é a mãe que cultiva os almoços em família ou, em nome do comodismo, elegeu o "salve-se (da fome) quem puder"? Você é o amigo presente no cotidiano ou a voz que se ouve a cada ano bissexto?

Claro, todo mundo se cansa (ou nos cansa) em algum momento. Mas não se iluda. Se você quer sentir o aroma da vida, a mistura é essencial.

Na sua posse (se você luta por um cargo), sua família estará. No seu casamento, alguém vai conduzi-lo ao altar. E, no desabafo de adversidade, um amigo será seu ouvinte.

Isolar-se nunca é a melhor saída.

Algumas companhias podem (e devem) ser evitadas. Para isso, convoque um plebiscito interno. Coloque os prós e os contras do fim do convívio. Se o melhor for não conviver, evite o encontro. Mas não viva o desencontro da solidão. Isolar-se do mundo é abdicar do aroma da vida.

Que neste domingo, você faça consultas ao seu "reino". Que você defina as alianças que merecem ser mantidas. E que, ao elegê-las, você as cultive com dedicação. Assim, sua vida terá o perfume que só as águas do inglês Tâmisa, misturadas aos óleos de Provence e ao álcool de Lisboa, podem proporcionar. Bendita mistura! Bom dia!

42. NÃO ADIANTA RECLAMAR

Há um ditado em inglês que diz: "*to be old and wise, you must first be young and stupid*".

Erramos. Eu, você, o mundo. Você olha para 10 anos atrás e diz: eu faria diferente... Eu não faria isso... Eu seria muito mais... Julgamo-nos. Condenamo-nos. Só que a sentença é, na maioria das vezes, injusta. Por quê? Porque o eu de hoje que decide não é o eu de ontem que decidiu. O ser atual carrega as lições dos erros passados. O ser passado não tinha as lições na bagagem.

Daí extraímos um conselho fundamental: não seja tão duro com a sua história. Você não era quem você é. E isso muda tudo.

Alguns tipos de pessoa me entediam. Especialmente, as que chamo de pessoas-Louvre ou, em linguagem menos elitizada, gente-museu. São pessoas que vivem no ontem e que, quer para o bem ou para o mal, fazem do passado garagem e estacionam a vida por lá. Só que o mundo não para. E quem decide parar, inevitavelmente, fica para trás (intelectualmente, espiritualmente, emocionalmente e fisicamente). Acredite: neste exato momento, há bilionários de 2026, vivendo o fracasso de suas empresas.

Há ministros do STJ de 2040, chorando a reprovação no concurso. Há mães de três filhos em 2021, angustiadas com a dificuldade de engravidar.

Mas há também frustrados de 2026, 2040 e 2021, vivendo a tragédia do ontem e permitindo a derrota do amanhã.

Há, basicamente, dois grupos. E o ser humano é livre para integrar qualquer deles.

Você pode ter 30, 50 ou 70 anos. O que você não pode é se julgar idoso ao progresso. Como disse Abilio Diniz, na Brazil Conference: "para ser velho, você tem que ter idade. Para ser jovem, qualquer idade serve". Por fim, quando sua mente vier culpar seu passado, responda diretamente: "não adianta reclamar". Adianta reprogramar. Recalcular a rota. Mudar o caminho. E se ela lhe falar da distância, seja mais claro ainda: "eu escolhi ser jovem". Parabéns pela escolha! Você passou a integrar o melhor grupo. Bom dia.

43. A MÃE DE NEFTALÍ

Rosa é a mãe de Neftalí. E, como uma flor, desabrochou quando o menino nasceu. E, como uma dor, desfaleceu quando ele fez 1 mês. Ironicamente, a vida fechou os olhos da mãe e abriu um pouco mais os olhos do mundo.

Rosa Basoalto é mãe de Neftalí Reyes Basoalto. E com Neftalí aprendemos muito.

Aprendemos que "você é livre para fazer suas escolhas, mas é prisioneiro das consequências". Em outras palavras, sua vida de hoje é a colheita da sua vida de ontem. E é a semente da sua vida de amanhã.

O poeta nos ensinou. Ensinou-nos sobre o amor. Por quê? Porque "a vida não começa quando se nasce, começa quando se ama." Portanto, ame. Ame como quem faz do amor alimento e do amado vento, que é o ar em um movimento vital para os pulmões. Ame.

Mas não seja ingênuo. Não coloque o coração em areia movediça. Apaixonar-se é fácil, é rápido e é perigoso. Ou, nas palavras do filho de Rosa, "amar é breve, esquecer é demorado". Um amor mal eleito custa lágrimas reiteradas de quem não merecia chorar.

Só que sua vida não se resume a prantos. Nem a jardineiros cruéis. Quando alguém estiver decidido a cortar suas flores, diga-lhe o que Neftalí declamou: "podes cortar todas as flores, mas não podes impedir a primavera de aparecer". Conclusão? Por mais que estejam dispostos a "podar" seus sonhos, uma hora, a primavera, na sua vida, vai chegar.

Rosa não viu Neftalí forma-se. Não leu uma poesia de seu filho. Não estava em sua posse como cônsul, nem como senador. Não o abraçou ao receber o título de Doutor Honoris Causa por Oxford. Não pousou para fotos quando ele ganhou o Nobel de literatura.

A história de Rosa parece triste. Mas ela cumpriu sua missão no mundo. Rosa deu ao mundo Neftalí. E ele encantou a Terra! Quando começou a escrever, adotou um pseudônimo, que depois se tornou oficial. Chamou-se de Pablo, ou melhor, Pablo Neruda. Agora, com certeza, você sabe quem é.

O que aprendemos com Pablo e sua mãe? Aprendemos que a missão é maior do que a vida. E isso explica Cristo ter dado a vida no cumprimento de sua missão.

E o que desejo a você? Desejo boas escolhas, um amor intenso e inteligente e uma missão para a vida inteira. Sua história merece.

44. A DIFERENÇA ENTRE O QUE É E O QUE QUEREMOS QUE SEJA

William Shakespeare, em Romeu e Julieta, nos ensina: "os jovens amam com os olhos, não com o coração". João conhece Maria. Jura amor à primeira vista. Canta Caetano em plena terça-feira. E pode até ser verdade. Mas o amor de João não é por Maria. É pela imagem que ele construiu. Pobre mulher: ou confirmará a expectativa ou será acusada de engano. E o inverso também é verdade.

Construímos imagens de pessoas. Em seguida, cobramos delas o ser quem nós imaginávamos que elas eram. Mas elas não eram.

Ainda que o humano seja barro, a função de oleiro não é do homem. É divina. Queremos usurpar o papel de Deus.

Ninguém deve fazer-se argila e assumir a forma que outrem elegeu. Desejamos moldar o outro. Intentamos mudar o todo.

Fernando Pessoa vai escrever: "quando te vi amei-te já muito antes". E amamos antes de conhecer, porque carregamos no bolso "fichas" ideais de amante, de família e de profissão.

Vamos encaixando candidatos nos recipientes. Se eles não mais suportam o aperto da vida na caixa que não tem seu tamanho, nós não aceitamos. Chamamos o outro de traidor.

Sejamos maduros.

O ideal não pode ser alcançado. Porque o ideal pertence ao mundo das ideias. Como ensina a filósofa Viviane Mosé, "no cruzeiro ideal com o amante, o navio não balança e o amor não ronca". Na profissão ideal, não há burocracia, lentidão, mesmice. Na família imaginária, não há discussões, choros e saudades. Todos vivem juntos em harmonia contínua.

Temos amado imagens, e não pessoas e funções por trás das imagens.

O que devemos fazer? Sufocaremos os ideais? Cancelaremos o imaginário? Claro que não. Apenas é preciso maturidade. Mister que percebamos que a companhia, a família e a profissão perfeitas não são humanas.

A visão amadurecida da vida em sociedade permite-nos viver melhor. Porque abrimos mão da insatisfação contínua e começamos uma vida de crescimento dentro da realidade. Que assim seja. Bom dia!

45. CATARSE E CATAR-SE

Catarse é purificação. É libertação. Palavra de origem grega que, em termos mais simples, significa um "choro lavanderia": águas que escorrem dos olhos e lavam a alma.

Catar-se é recomposição. É encontrar seus pedaços jogados e voltá-los ao lugar natural.

Pensei. Parece-me que catarse é, de alguma forma, catar-se. Explico. Temos andado em pedaços por aí. Perdemos parte do melhor de nós. Uma decomposição. É a impureza (ou a dureza) do cotidiano arrancando pedaços.

Aí vem a catarse. No auge das emoções, um choro purificador. Um desabafo da alma. E você? E você se recompõe. Volta à inteireza, à essência do que sempre foi. Catou-se com a catarse.

Carla é um erro. Errou no marido, na profissão, na alimentação, na vida espiritual. E as opressões dos erros de Carla geraram uma Carla infeliz, obesa, cética.

Mas aí vem a catarse. Em um dia, depois de muito chorar, Carla é liberdade. Muda de profissão, troca os alimentos, abandona o ceticismo. Carla muda até de marido, quando ele não decide mudar.

Carla se purifica. Catou-se. Reuniu seus pedaços e voltou a ser uma. Inteira. Mas não se engane. Carla catou-se, e não recatou-se. Em verdade, Carla cansou-se de ser recatada, oprimida, subjugada.

Carla é acerto. Por um tempo, tentou enterrar sentimentos. É verdade. Mas sentimentos enterrados são vulcões. E, em algum momento, entram em erupção.

Somos todos vulcões. E talvez esse seu choro reprimido seja só a catarse querendo acontecer na sua vida. Uma purificação. Talvez essas lutas que arrancam pedaços precisem só de umas lágrimas para devolver-lhe a inteireza. Experimente a catarse. Experimente catar-se. A vida por inteiro e livre das impurezas do cotidiano parece-me mais interessante. Pode chorar. Como diz a vó de todo mundo: "chorar faz bem". Elas têm razão. Bom dia!

46. NÃO SEJA JOSÉ

31 de julho de 1940, quarta-feira, Porto Alegre.

Ontem completei 36 anos. O aniversário não marca qualquer coisa. Mas qualquer coisa aconteceu e me marcou.

Ontem, vi José brigar com o filho. Dessas discussões típicas de família. José é carteiro e o moleque anunciava querer ser industrial. Explicava o gosto pela economia. Contava ser bom em matemática. Mas José o advertiu: "queira pouco e sofra menos". Em seguida, o carteiro emendou: "seja médio, que o médio não perturba nem é perturbado". E, com olhos de Getulio, concluiu: "se o jovem é bom de contas, que aprenda o português. Nem só de números viverá o homem".

Quem ouvia José proverbiando imaginava tratar-se de um Salomão. Imaginava mal. José apenas recitava a cultura medíocre arraigada em nós. Eram belas vestes em corpo podre. Palavras bonitas em texto fúnebre. Conselhos rebuscados para uma vida medíocre.

Há três pontos na mentalidade brasileira que, de 1940 até os dias de hoje, não mudaram. E nós precisamos mudar. São eles: aceitar "nota sete" como algo bom, rotular ambição como algo ruim e não investir esforços nas áreas da vida em que as coisas vão bem.

No exemplo hipotético, a ordem de José é exatamente essa. "Você é bom em matemática, então, não estude matemática. Esforce-se em português". "Não seja ambicioso e não sofra". "Seja mediano, um 'nota sete', e tenha paz". Mas quem pensa assim define a vida como ausência. Felicidade é ausência de tristezas, pressões, ameaças. Só que, quer pelo caminho ousado, quer pelo trivial, todos esses ingredientes fazem parte da história humana. É inevitável.

Logo, não se deve ter vergonha de querer crescer. Mas sim, de, querendo crescer, contentar-se com a estagnação. Quando o homem sofre pelo que quer, ele é maior do que a dor. Quando a dor é sem propósito, parte da vida é tirada.

Sugiro que não sejamos José. Que não nos aconselhemos a tomar o caminho "seguro", quando nossa vontade, intuição e talento apontam para sentido diverso.

Por fim, o texto de hoje traz três conclusões: não aceite "nota sete", não condene sua ambição e não deixe de investir nas áreas em que as coisas vão bem. Resumo em uma frase: não seja José. Bom dia!

47. CONSELHOS AOS QUE BUSCAM CONSELHOS

Tiago andava preocupado. Procurando... Precisasse de pães, qualquer padaria faria as vezes. Fossem roupas, três ou quatro cédulas cumpririam o intento. Desejasse viajar, um bilhete seria a salvação. Mas Tiago procurava algo diverso. Buscava... solução. Isso. Tiago queria solução e perseguia bons conselhos.

Bons conselhos, leitor, não são itens de papelaria. Conselhos, sim, qualquer sinapse é capaz de produzir. Mas bons conselhos exigem bons conselheiros. E aí reside a raridade.

Conselheiros devem ser dotados de dois atributos: decência e competência.

O homem decente deseja o bem de quem o inquire. Mas não basta desejar fortuna ao pedinte da palavra. Quem não tem notas de valor na fala, que se limite a ouvir a prece. É preciso que o parecerista da vida alheia tenha competência. Ninguém pergunta ao dentista se deve operar o coração. Nem ao cardiologista, se coloca prótese dentária.

Porém é possível, e não raro, que o competente conselheiro seja indecente ser humano. Basta pensar no trabalho. Há colegas de profissão, que, receosos da escada alheia mostrar-se mais alta que a própria, aconselham o buraco. Recomendam a armadilha. Sugestionam ouvir as sereias de Ulisses.

Eis o nosso grande erro: procuramos solução e erramos nos conselheiros.

Portanto, aqui vão, ironicamente, conselhos aos buscam conselheiros com escopo de encontrar solução.

Primeiro: se você tem fé, o maior conselheiro é Deus. Procure-o.

Em seguida, imagine-se outra pessoa. Se você não fosse você, que conselhos você se daria?

Em terceiro lugar, procure alguém extremamente competente e que não se sinta ameaçado com o seu sucesso. Isso aumenta a chance de decência nas palavras. Um profissional de outro Estado, um senhor 30 anos mais velho e um empresário que atua em ramo distinto podem ser ótimas escolhas. Perca a vergonha nessa hora, ela não ajuda em nada.

Por fim, imagine cinco, dez e vinte anos mais velho. Que vida você gostaria de ter? Que rotina chamaria de sua? Com quem compartilharia o seu cotidiano? Geralmente, as respostas são espantosamente esclarecedoras. Que você tenha um ótimo dia!

48. UM ÚLTIMO SENTIMENTO

Ana Claudia Arantes é médica geriatra. Ela cuida de pacientes em estado terminal. Metade do dia, Ana passa em um hospital público de São Paulo. Na outra metade, atende no renomado Albert Einstein.

Em essência, ela conta que os pacientes são muito parecidos, independentemente da classe social. No final da vida, eles têm um mesmo sentimento. Arrependem-se da vida que levaram. Lamentam ter vivido a vida que não queriam ter tido.

Nas palavras da médica da USP, "quando temos a consciência da morte, a vida grita". E a vida começa a gritar com a seguinte pergunta: por que você não foi você?

Na parábola bíblica dos talentos, apenas o servo que não explora o seu dom é capaz de irritar seu senhor. Somente aquele que esconde sua dádiva consegue descumprir seu propósito. Em outras palavras, o erro está em não ser você, em esconder seus atributos e em ficar imitando talentos alheios.

Ana diz: "no final das contas, o que conta não conta". Você não sentirá prazer nas suas posses, se elas não forem fruto daquilo que você é. Nem nos seus dez filhos, se nenhum o procurar. Nem nos saldos, se o seu saldo existencial for zero: você não foi você.

Sim, é preciso ser flexível. Você deve ceder, inclusive nas relações. Mas o ceder deve ser um ceder consciente. Um ceder, que não tira a sua individualidade. Ou seja, eu paro de ceder, quando aquela concessão desnatura minha essência.

A verdade é que Ana tem extraído importantes lições para a vida, a partir da morte. Ela relata que, dias antes de morrer, os pacientes se tornam irresistíveis. Por quê? Porque colocam para fora a essência. Eles são o que são.

A vida vai passar. E você pode viver se escondendo. Pode viver para agradar ao outro, em prejuízo próprio. Pode seguir a profissão mais segura, que não é a que você quer. Casar com a pessoa ideal, que não é a que você gosta. Você pode. Mas, nesse caminho, ao final, um sentimento o espera: o arrependimento.

Se você não quer senti-lo, permita a coerência entre a serotonina no seu corpo e o suor do seu rosto. João pode ser José, Mário ou Carlos. Mas qual a graça de João não ser João? Use o seu talento. Esse é o segredo. Ana Claudia Arantes, um exemplo. Você também pode ser um.

49. AS MOSCAS

Duas moscas caíram em um copo de leite. Uma delas gritava: "vamos morrer!" E a outra dizia: "fique batendo perninhas que há de dar certo." Resultado? A primeira desistiu e morreu. A segunda ficou tentando até que o leite virou manteiga e ela conseguiu sair e sobreviver.

Anos depois, a mesma mosca passeava com outra mosquinha. Ambas caíram em um copo de refrigerante. A mosquinha falou: "eu vi um canudinho! Vamos sair por ali!" Mas a mosca insistia que bater perninhas era a melhor solução. Resultado? A mosquinha saiu pelo canudinho e a mosca ficou se agitando até não aguentar mais e morrer.

A fábula contada pela engenheira Martha Gabriel traz uma enorme lição: as soluções para as crises passadas podem não ser as mesmas para a crise presente. E pior: você pode estar se esforçando à toa.

Perceba: no caso, as crises eram bastante semelhantes. Ambas se resumiam em "cair em um copo com líquido". E talvez esse seja o seu dilema.

Os seus pais viveram crises parecidas com a sua. Eles se viram mergulhados em questões profissionais, amorosas, financeiras... Mas, naquela época, essas crises eram "leite". Agitar-se era suficiente. Exemplo? Houve tempo em que ter diploma significava independência financeira. Hoje, nem perto disso. Mudamos do leite para o refrigerante e queremos aplicar a mesma solução.

E isso não é só uma questão de mudança gerada pelo tempo. É uma questão de peculiaridade situacional. Cada situação exige resposta distinta. A forma como sua amiga resolveu a crise no casamento pode arruinar o seu. Os maridos são diferentes. As reações deles serão diversas.

Qual a conclusão? Se a crise é sua inimiga, você deve conhecê-la muito bem antes de agir. Escolher as armas pressupõe claro domínio do caso em apreço. O conhecimento sem ilusões da situação em que estamos inseridos é o primeiro e mais importante passo na construção da solução do problema.

Depois, veja o que seus pais, seus amigos e seus mentores fizeram. E, aí sim, você construirá a vitória. Bom dia!

50. KATHERINE

O som de um tiro. Um medo ao descer as escadas. Um corpo ensanguentado ao chão. Foi assim que Katherine Graham presenciou o suicídio de seu marido Phillip, em 1963. Ela nunca mais se casou.

Aos olhos do mundo, até aquele dia, Katherine era uma mulher de sorte. Nascera em família rica. Casara-se com homem influente. Nunca precisara trabalhar.

Mas isso era aos olhos do mundo.

Do lado de dentro, Katherine tinha um marido viciado e com transtornos psiquiátricos. Seu pai fundou um jornal, mas preferiu passar o comando ao genro, e não à filha. Sua mãe, artista e intelectual, era amiga de Einstein e Eleanor Roosevelt, mas ausente de casa e da família.

Lição nº 1: o que você vê na vida do outro, provavelmente, não é verdade. Na rua, vestimos máscaras. Portanto, não compare sua vida com a vida de quem, efetivamente, você não conhece.

Um dia, perguntaram à Katherine se ela havia se sentido desvalorizada com o que o pai lhe fizera. Ela divergiu: “senti-me protegida. Aos olhos dele, eu não estava preparada” .

Lição nº 2: você sempre escolherá a forma de olhar para uma situação. Há quem repare no belo. Há quem busque o trágico. Seja do primeiro grupo.

Diante da morte de Phillip e da inexperiência de Katherine, todos lhe recomendaram vender o jornal. Em uma reunião, perguntaram-lhe: “preparada para vender?” E ela anunciou-lhes: “preparada para vencer. Até hoje, fomos um jornal regional, mas, a partir de agora, seremos tão importantes quanto o The New York Times”. Katherine assumia o, então pequenino, The Washington Post.

Lição nº 3: a decisão de ser grande é essencialmente individual.

Katherine decidiu. O jornal inundou os EUA, ganhou o respeito da população e publicou, entre outros, o escândalo Watergate. Em 1972, ela foi a primeira mulher a figurar na lista dos 500 CEOs mais importantes da América. Era o mundo assistindo a uma aula de liderança. Ela se tornava o símbolo da igualdade de gênero.

Em 2011, Katherine faleceu. Antes, escreveu o livro “*Personal History*”, que ganhou o Prêmio Pulitzer.

Mas a verdade é que a vida de Katherine se resumiu a uma única grande questão: revoltar-se ou reinventar-se? Ela se reinventou. E você? Bom dia.

EDITORA
JusPODIVM
www.editorajuspodivm.com.br

Impressão e Acabamento
PlenaPrint
Indústria Gráfica